ACCESO GRATIS ***a la Lectura en la Nube***

Para visualizar el libro electrónico en la nube de lectura envíe junto a su nombre y apellidos una fotografía del código de barras situado en la contraportada del libro y otra del ticket de compra a la dirección:

ebooktirant@tirant.com

En un máximo de 72 horas laborales le enviaremos el código de acceso con sus instrucciones.

LEGITIMIDAD DE LAS PATENTES FARMACÉUTICAS

UNA VISIÓN DESDE CHILE

LEGITIMIDAD DE LAS PATENTES FARMACÉUTICAS

UNA VISIÓN DESDE CHILE

Juan Pablo Egaña Bertoglia

tirant lo blanch
Ciudad de México, 2024

En caso de erratas y actualizaciones, la Editorial Tirant lo Blanch publicará la pertinente corrección en la página web www.tirant.com.

© TIRANT LO BLANCH
EDITA: TIRANT LO BLANCH
Av. Tamaulipas 150, Oficina 502
Hipódromo, Cuauhtémoc,
CP 06100, Ciudad de México
Telf: +52 1 55 65502317
infomex@tirant.com
www.tirant.com/mex/
ISBN: 978-84-1056-396-4

Si tiene alguna queja o sugerencia, envíenos un mail a: *atencioncliente@tirant.com*. En caso de no ser atendida su sugerencia, por favor, lea en *www.tirant.net/index.php/empresa/politicas-de-empresa* nuestro procedimiento de quejas.

Responsabilidad Social Corporativa: http://www.tirant.net/Docs/RSCTirant.pdf

Índice

Prólogo

DR. HUGO CARRASCO SOULÉ
Catedrático de la Facultad de Derecho de la UNAM y candidato a investigador del SNI del CONAHCyT

Se estima que el año 2022 la industria farmacéutica innovadora destinó aproximadamente US$ 250 billones a la búsqueda de nuevos productos y tratamientos terapéuticos, una cifra ha ido aumentando año a año, pese a los esfuerzos que esa industria ha desplegado por controlarla, por ejemplo, utilizando big data para la investigación clínica y externalizando algunas de sus actividades de investigación y desarrollo. Las compañías innovadoras típicamente planifican sus estrategias abriendo varias líneas de investigación con horizontes de 10 o 20 años y sólo un porcentaje menor logra concretar en productos que acceden al mercado superando las barreras regulatorias, y de entre éstos, un número aún menor se constituyen en esas soluciones maravillosas que salvan vidas y alivian o previenen las condiciones más invalidantes que afectan a la humanidad.

Para mantener este ciclo virtuoso las compañías innovadoras dependen casi completamente de las patentes de invención que les aseguran un período de tiempo en que sus productos que accedieron al mercado no serán replicados por las compañías de genéricos. En ausencia de la exclusividad que les brinda este derecho de propiedad industrial, las compañías innovadoras simplemente no podrían subsistir y el ciclo de producción de nuevos medicamentos se interrumpiría con desastrosas consecuencias para la salud y calidad de vida de toda la humanidad.

Sin embargo, históricamente se ha debatido acerca de la legitimidad de los derechos de patentes, y tratadistas, legisladores y jueces han hecho esfuerzos por calibrar su observancia de una manera que estimule el ciclo innovador sin lesionar un acceso general oportuno a esa innovación. A su vez, en ningún otro derecho de propiedad industrial este debate es más álgido que en el espacio de las patentes farmacéuticas dado lo indispensable de muchas de las soluciones que ellas amparan y por ende la gran demanda que generan.

Así, no es de extrañar que la industria innovadora y la de genéricos tengan posiciones divergentes y latamente fundamentadas en relación con la legitimidad (o ilegitimidad) de la protección por patentes de productos farmacéuticos.

En este trabajo, en el que he contado con la muy valiosa colaboración de mi asociado Juan Francisco Peralta, se expone el raciocinio basal que orienta la posición de la industria de genéricos, que en síntesis niega valor a la invención farmacéutica incremental deslegitimizando su posible apropiación vía patentes, y se explican los motivos por los cuáles esa lógica se halla a contrapelo con la letra y el espíritu de la normativa de propiedad industrial vigente en Chile y con la práctica de la autoridad registral, el Instituto de la Propiedad Industrial.

En efecto, las patentes de invención no están disponibles para cualquier desarrollo científico, sino que en primer lugar solo para aquellos que puedan calificarse como una "invención", esto es, según la ley chilena, "una solución tecnológica que origina un quehacer industrial.." y que además, agrega la ley , reúnan novedad y altura inventiva. A mi juicio entonces, gran parte del dilema de la legitimidad del patentamiento farmacéutico se resuelve en la respuesta a esa interrogante primera, y si lo que se ha concebido es una solución tecnológica que en los hechos resuelve un problema sanitario, entonces, sin importar la clase de invención farmacéutica en cuestión, sea de molécula, composición, formulación, segundo uso etc., ella sin dudas goza de legitimidad para postular a la obtención de una patente de invención.

A) INTRODUCCIÓN

Dada la facilidad con que los productos y procesos farmacéuticos pueden ser reproducidos con las tecnologías disponibles en la actualidad, la industria de investigación y desarrollo depende grandemente de las patentes de invención para amparar sus diversas innovaciones. De esta manera, y desde hace muchos años, esta industria ha obtenido patentes para una gran gama de soluciones farmacológicas, que comprenden entre otros, productos, procesos, composiciones, formulaciones, nuevos usos, etc.

Lo anterior ha despertado críticas por parte de la industria genérica, y de algunos estudiosos y autores, que cuestionan la validez de esta diversidad de patentes farmacéuticas, sosteniendo, en esencia, que muchas de ellas no tienen otro objeto que extender ilegítimamente la protección de un invento por sobre la vigencia de su patente original.

La estructura que adoptan estas críticas se ha ido uniformando y, en su gran mayoría, parten por un cuestionamiento a la altura inventiva de cualquier invención farmacéutica que no corresponda a una nueva molécula o principio activo, deslegitimando en este raciocinio invenciones de indiscutible valor terapéutico y, por tanto, de suma utilidad para toda la sociedad.

En este análisis se expone lo injustificado de muchos de esos cuestionamientos a las patentes farmacéuticas, y la fórmula que se adopta para entregar esta explicación pasa por una revisión de una obra que hace suyas en forma y contenido, esa estructura crítica tradicional de la actividad de patentamiento de la industria de investigación y desarrollo.

La obra en cuestión se denomina "Una Visión sobre las Sentencias que marcan tendencia en Propiedad Industrial en la Industria Farmacéutica", publicada en marzo del año 2012 por Marco Arellano, Abogado, que desde entonces y hasta hoy se desempeña como ministro del Tribunal de Propiedad Industrial

[1][1] y Tatiana Tobar, Químico Farmacéutica, entonces funcionaria del Instituto de Salud Pública[2][2]. En esta obra los autores describen críticamente estrategias de patentamiento desarrolladas por la industria farmacéutica, "para intentar sobreexplotar el sistema de patentes y obtener de él un provecho superior al que su naturaleza reclama" y así conseguir la extensión de la protección por patentes de productos farmacéuticos "por sobre estándares que prudencialmente podrían exigírsele." [3][3]

B) PREMISAS BASALES DE LA CRÍTICA A LA INDUSTRIA FARMACÉUTICA

1) Altura Inventiva

Los autores conceden que las invenciones farmacéuticas regularmente satisfacen los requisitos de Novedad y Aplicación Industrial, y que por lo mismo la industria farmacéutica "de manera prodigiosa e incesante" [4] intenta una interpretación extensiva del requisito restante, la Altura Inventiva, todo con el propósito de obtener una protección de patente para sus productos más allá de los límites del sistema.

En efecto, dado que la Aplicación Industrial ya no se discute en el área química, y que no sería problema presentar una entidad química existente de manera diversa para satisfacer el requi-

---

1 [1] El Tribunal de Propiedad Industrial es un ente administrativo colegiado, con jurisdicción exclusiva para conocer de las apelaciones contra resoluciones del Instituto Nacional de la Propiedad Industrial (INAPI).

2 [2] El Instituto de Salud Pública es una autoridad regulatoria dependiente del Ministerio de Salud, y que tiene la función de examinar y aprobar las solicitudes de registro sanitario para productos farmacéuticos.

3 [3] Obra en comento pág. 7.

4 Obra en comento pág. 21.

sito de Novedad, concluyen que sería siempre la Altura Inventiva el escollo en que se estrella la Industria Farmacéutica.

Sin embargo, en la interpretación del requisito de Altura Inventiva, los autores incurren en una impermisible extensión de sus márgenes, aseverando que-los productos farmacéuticos conocidos sólo tendrán la legitimidad necesaria para aspirar a la patente, si se demuestra "la existencia de ventajas realmente inesperadas y significativas en comparación con el arte previo." [5] Esta comprensión del requisito de Altura Inventiva es deficiente y excede el mandato legal, que sólo demanda que la invención propuesta no resulte obvia ni pueda ser derivarse de manera evidente por una persona normalmente versada en la materia técnica correspondiente, a partir de sus conocimientos y de la información disponible en el estado de la técnica.

Vale la pena recordar que el requisito de Altura Inventiva se estableció por primera vez en Chile en la Ley de Propiedad Industrial del año 1991, y que, desde su origen, el legislador adoptó el estándar de no obviedad para su determinación. [6] Posteriormente el mismo estándar ha sido ratificado en otros cuerpos normativos, por ejemplo, en el Art. 17.9: 1. del Tratado de Libre Comercio con Estados Unidos del año 2004 (en adelante TLC Chile-US)[7]; y también en las Directrices de Examen y Procedimiento de Registro de Patentes de INAPI del año 2022 (en ade-

---

5 Pág. 16 párrafo final obra en comento.

6 **Artículo 32 de la Ley de Propiedad Industrial.** "Las patentes podrán obtenerse para todas las invenciones, sean de productos o de procedimientos, en todos los campos de la tecnología, siempre que sean nuevas, tengan nivel inventivo y sean susceptibles de aplicación industrial". **Artículo 35 de la Ley de Propiedad Industrial.** "Se considera que una invención tiene nivel inventivo, si para una persona normalmente versada en la materia técnica correspondiente, ella no resulta obvia ni se habría derivado de manera evidente del estado de la técnica". En el Anexo 1, confrontar el artículo 27.1 Acuerdo sobre los Aspectos de los Derechos de Propiedad Intelectual relacionados con el Comercio (ADPIC) en el apartado de Anexos.

7 En el Anexo 2, confrontar el artículo 17.9 del Tratado de Libre Comercio con Estados Unidos del 2004.

lante Directrices de Patentes) lo que confirma su pleno asentamiento en nuestro ordenamiento jurídico.[8]

Ahora bien, la lógica que subyace al estándar de no obviedad es la de focalizar el análisis de Altura Inventiva en la respuesta a una serie de interrogantes factuales, antes que, en una ponderación cualitativa de la invención, dados los riesgos de subjetividad que esta última encierra y que conspiraría contra la estabilidad y predictibilidad en la determinación de patentabilidad.

Se trata entonces de una piedra angular del sistema de patentes chileno, que los autores violentan en su llamado a buscar la satisfacción del requisito de Altura Inventiva en la dirección opuesta, esto es, exigiendo la concurrencia de antecedentes que evidencien la calidad de la invención, lo que no sólo sobrepasa el mandato legal, sino que promueve el tipo de subjetividad e impredecibilidad que esa norma busca aplacar. [9]

La demonstración de ventajas inesperadas y significativas, que los autores adicionan al requisito de Altura Inventiva, puede ayudar a demostrar que el invento lo satisface, más, no es, en sí misma una parte del mismo. En los hechos, INAPI ha descartado

---

8 Las Directrices de Patentes de INAPI, fueron actualizadas en el año 2022, y si bien no constituyen una norma legal ni reglamentaria, ya que sólo obligan a las peritos y examinadores de INAPI, en los hechos tienen una relevancia capital en el sistema de patentes chileno, ya que reflejan la forma como INAPI ha interpretado las normas legales para la práctica del examen y análisis de las solicitudes de patentes, fijando criterios respecto de todas las facetas que consulta el proceso de tramitación y concesión de patentes y modelos de utilidad, y las solicitudes que no se atienen a dichos criterios son regularmente objetadas. Confrontar con el Anexo 3.

9 Los orígenes del estándar de no obviedad se encuentran en la Ley de Patentes de Estados Unidos del año 1952, que por primera vez consagra este requisito como una condicionante de patentabilidad adicional a la novedad. Las discusiones parlamentarias que precedieron a su adopción revisaron decenas de precedentes judiciales que exigían algo más que novedad para reconocer la patentabilidad de invenciones, y definieron que, para dar predictibilidad al análisis, ese "algo más" debía buscarse en la determinación de la obviedad o no obviedad de la invención, antes que en su calidad intrínseca, Ver págs. 424 y 425 de "Cases and Materials on Patent Law". Martin J. Adleman, John R., Thomas, Randall R. Rader y Harold C. Wegner. West Group (1998).

esta tesis interpretativa de los autores, dirigiendo expresamente a los examinadores a no atender al carácter inesperado o pionero de un invento en la evaluación de su Altura Inventiva, tal como ha quedado plasmado en las Directrices de Patentes que al respecto señalan, "El carácter inesperado de un resultado o "efecto sorprendente", no es sinónimo de nivel inventivo. A su vez, la ausencia de un efecto sorprendente no implica la ausencia de nivel inventivo. Por lo tanto, el análisis de nivel inventivo no podrá basarse en la búsqueda de la presencia o ausencia de un efecto sorprendente".

Más adelante, las Directrices de Patentes, también explican que el nivel inventivo no puede originarse en una ponderación cualitativa del invento, precisando, "De forma equivalente, no debe buscarse el nivel inventivo en la presencia de otros indicios de nivel inventivo, como el quiebre de un paradigma de la técnica o un impedimento instrumental. Lo anterior, dado que el análisis de nivel inventivo debe dar cuenta de la obviedad o no obviedad de la solución al PTO".[10]

Es a partir de esta deficiente comprensión del requisito de Altura Inventiva que los autores, a continuación, tiñen con una presunción de ilegitimidad cualquier invención farmacéutica distinta a una nueva molécula o principio activo. En efecto, según la obra en comento, cualquier investigación sobre una molécula o principio activo conocido, resultará, casi ineluctablemente, en una invención carente de Altura Inventiva, bien porque las técnicas para su combinación en nuevas composiciones o formulaciones serán igualmente carentes de inventiva, bien porque las nuevas manifestaciones desarrolladas para dichas moléculas y principios activos no son sino descubrimientos de ciertas propiedades que ellos siempre encerraron.

---

10 Directrices de Patentes pág. 212, tercer y cuarto párrafo. Por PTO se refiere al problema técnico objetivo.

Pero esta lógica invisibiliza uno de los rasgos más paradigmáticos de la investigación y desarrollo científico y tecnológico, cuál es su carácter incremental, lo que se traduce en invenciones que suelen generarse sobre la base de otros desarrollos más tempranos y no en un espacio vacío habitado solamente por la inteligencia del inventor. [11]

La verdad es que son los autores quienes incurren en la falta que achacan a la industria farmacéutica, interpretando el requisito de Altura Inventiva con un ámbito de operación más amplio que el que la Ley le ha atribuido, y ello apoyado en la tesis de que el análisis de este requisito implica revisar "el estándar exigido por una sociedad determinada en un contexto histórico específico para reconocer al inventor un esfuerzo de envergadura suficiente que justifique el otorgamiento de condiciones preferentes de mercado". [12] Es fácil deducir que este tipo de raciocinio abre las compuertas para la incerteza jurídica, ya que el juzgador definiría conforme su leal saber y entender, pero también sus creencias y prejuicios políticos, que es lo que quiere la sociedad en ese momento preciso. Esto resulta incompatible con la imparcialidad que exige la actividad judicial.

No es sorpresa en consecuencia, que los autores, tal cual ignoran el estándar de no obviedad, también descalifiquen el Método Problema Solución, como una herramienta idónea para el examen de Altura Inventiva, alegando su instrumentalización por la Industria Farmacéutica. [13] En efecto, este método ha sido

---

11 Para no perder el foco de este trabajo, no abundaremos aquí acerca de las perniciosas consecuencias que puede tener esta aproximación de los autores, que, extrapolándose a otras áreas de la técnica, podría llevarlos a negar la Altura Inventiva, por ejemplo, a cualquier nuevo neumático con una durabilidad o adherencia desconocidas, porque los mismo existen hace decenas de años; o, para citar un ejemplo más contingente, a cualquier nueva vacuna, en atención a que la idea de fortalecer el sistema inmune introduciéndole una sustancia exógena, es conocida hace siglos.

12 Obra en comento, págs. 20 y 21.

13 Obra en comento pág. 22, nota a pie de página.

adoptado por INAPI, con la finalidad precisa de dar predictibilidad a la evaluación de este requisito de patentabilidad, y por cierto quienes buscan máxima libertad para la interpretación de las normas, no pueden estar sino a contrapelo con el mismo, ya que éste impone estructura y continente a las deliberaciones políticas y sociales que pueden activar en su búsqueda de justicia. [14]

En concreto, los autores plantean, pág. 22 de su obra, que este método facilita el cumplimiento del requisito ya que exacerbaría el peso de la evidencia documental prescindiendo del conocimiento de la persona versada en la materia, la que se transformaría poco menos que un autómata que en ausencia de sugerencia documental explícita sería incapaz de aunar enseñanzas del estado de la técnica para enrielar una objeción de falta de mérito inventivo.

No obstante, las Directrices de Patentes, que resumen la manera en que INAPI aplica la normativa de propiedad industrial en el examen y registro de patentes, desmienten expresamente esta tesis, al explicar que de acuerdo al Método Problema Solución, la enseñanza que motiva al experto a adaptar o modificar el estado de la técnica más cercano puede emanar de tres fuentes, mencionando expresamente que una de ellas es su propia competencia y creatividad normales en el campo técnico en cuestión (y las otras dos, del documento más cercano, y eventualmente otro relacionado, del estado de la técnica).[15]

Mirado desde esta perspectiva y con independencia de los prejuicios que se revelan en su aproximación a las distintas invenciones farmacéuticas, la manera en que los autores conceptualizan el requisito de Altura Inventiva se aleja del estándar fijado en la norma legal, el que pareciere debe ser sustituido por un estándar socialmente aceptado y que sólo el juez guiado por su

---

14 Directrices de Patentes Copiar párrafo 4 de pág. 203.

15 Directrices de Patentes pág. 211.

sensibilidad política sería capaz de hallar. Pero aparte de generar incerteza jurídica, este es un ejercicio abiertamente antidemocrático, la ley es una declaración de la voluntad soberana, que se gesta y materializa en el trabajo de los representantes de la comunidad en el Parlamento, y como tal, refleja en sí un estándar socialmente aceptado. Los autores parecen ignorarlo, en el afán de redelinear los contornos de este requisito conforme su visón de la industria farmacéutica. En suma, un tipo de raciocinio propio del ámbito político, de cuestionable validez como forma de administrar justicia.

2) Patentes Farmacéuticas y Acceso a Salud

En segundo lugar, los autores también incurren en una falacia a esta altura clásica, según la cual la investigación y las patentes farmacéuticas, por una parte, y el acceso a la salud de la comunidad, por la otra, estarían en las antípodas y en constante tensión, sosteniendo que, "investigación y salud son los dos extremos del asunto" y que, "juntas se enfrentan a una irreconciliable relación de -contigo no puedo, sin ti me muero-".[16]

Así planteadas las cosas, como una batalla entre las patentes farmacéuticas y el acceso a la salud de la población, se comprende que la visión de las primeras es una completamente prejuiciada, más en unos autores, que como hemos explicado, entienden que la misión judicial es hallar una justicia que sea consistente con los mores y estándares de la sociedad, aun cuando ello implique relativizar el poder de la Ley, "sin duda los jueces siempre tiene un parámetro de justicia que es la ley sin embargo si ésta pudiese resolver todos los casos por anticipado no serían necesarios los tribunales".[17]

---

16 Obra en comento pág. 4.

17 Obra en comento pág. 6.

Es bajo este negativo prejuicio que los autores enfrentan el análisis de los distintos tipos de invenciones farmacéuticas que la normativa vigente permite, y, comprensiblemente, su visión de la mayoría de ellas es igualmente negativa. Se trata de una cuestión doblemente perniciosa. Por un lado, se introduce al análisis jurídico legal una controversia propia del ámbito político, en el que sin duda puede fluir con una libertad y amplitud que los márgenes legales no admiten; y por la otra, ella es factualmente cuestionable.

En efecto no debe perderse de vista que la difusión de nuevas tecnologías fluye más pronto hacia aquellos países que tienen sistemas de patentes robustos y posterga su arribo a aquellos con regímenes imperfectos. En lo que toca a la industria farmacéutica, la literatura también indica que el efecto de la existencia de patentes farmacéuticas es mayor para promover el lanzamiento de medicamentos por innovadores, que el de su remoción para estimular la entrada de productos genéricos.

Otro tanto pudo observarse con la experiencia relativa a las vacunas y el COVID, en que múltiples iniciativas que partieron de la premisa que los derechos de propiedad industrial e intelectual bloquearían su acceso, simplemente se probó errada. Así, la iniciativa más emblemática al respecto, aquella del Trips-Waiver destinada a liberar patentes y datos exclusivos sobre vacunas que fue promovida por Sudáfrica e India en octubre de 2020 , recién vino a cristalizar en junio de 2022, años después de pasado el momento más álgido de la crisis y en el intertanto los porcentajes de vacunación en un país sin producción interna como Chile, fueron de los más elevados en el mundo, probando que los derechos de patentes no constituyeron ninguna cortapisa al acceso a esta solución farmacéutica. [18]

---

18 Respecto de aquellos pocos países que tuvieron inconvenientes en la obtención y administración de las vacunas contra el Covid 19, está probado que los problemas de falta de acceso y distribución se relacionaban con cortes en la cadena de suministro mundial, generados por el cierre de fábricas, puertos y plantas de producción, de la misma forma que la escasa infraestructura vial y sanitaria de dichos

3) Influencias Doctrinarias

Por último, los autores reconocen explícitamente que en su calificación de invenciones farmacéuticas objetables han seguido la clasificación propuesta por Carlos Correa en su trabajo "Pautas para el Examen de Patentes Farmacéuticas. Una Perspectiva desde la Salud Pública".[19] Por supuesto que adoptar un esquema determinado para clasificar las invenciones farmacéuticas con el propósito de facilitar la exposición de sus postulados y argumentos no merece reproche alguno, y en los hechos, muchos tratadistas del derecho de patentes han adoptado un esquema similar para ilustrar las distintas clases de reivindicaciones farmacéuticas. [20]

Sin embargo, en el caso de la obra en comento, lo llamativo es que los autores no sólo siguen la clasificación de invenciones farmacéuticas propuesta en el trabajo de Carlos Correa, sino que además, sin excepción, coinciden exactamente en la valoración que dicho tratadista dispensa a cada una de esas invenciones farmacéuticas, desnudando así una evidente falta de independencia de juicio que afecta el valor de su obra, la que se revela, en parte, como una caja de resonancia de un trabajo anterior sobre la misma materia. En efecto, tal cual lo sostiene Correa, en el concepto de los autores ninguna de estas clases de invenciones podría superar la valla de la Altura Inventiva, y en ocasiones, e.g. patentes de selección, ni siquiera la de Novedad.

---

países también fue un problema difícil de sortear. Prueba de ello es que algunos estudios indican que más de mil millones de vacunas producidas no lograron ser administradas, siendo la mayoría de ellas en países del continente africano (Fuente https://healthpolicy-watch.news/some-1-1-billion-covid-19-vaccine-doses-likely-wasted-since-rollout-began/).

19 Obra en comento pág. 21, segunda nota a pie de página.

20 Ver págs. 46-61 de "Pharmaceutical Patent Law", John R. Thomas, Third Edition (2015) Bloomberg BNA; o "Patents for Chemical Pharmaceuticals and Biotechnology, Fundamentals of Global Law, and Strategy"; Philip W. Grubb, Oxford University Press, (1982).

Por su parte, toda la obra de Carlos Correa en el ámbito farmacéutico, y en particular la citada "Pautas para el Examen de Patentes Farmacéuticas. Una Perspectiva desde la Salud Pública", se sitúan con comodidad en el extremo doctrinario más resistente y crítico a la idea del patentamiento farmacéutico, posición que ha defendido durante muchos años y en los más diversos foros. [21]

Así, el valor de la obra en comento parece resultar cuestionable, ya que aparece sustentada en una incorrecta comprensión del requisito de Altura Inventiva y ubicando además en las antípodas el acceso a la salud y las patentes farmacéuticas, contra la evidencia acumulada en la crisis sanitaria más generalizada en la historia de la humanidad.

C) CRÍTICAS A LA FORMACIÓN DE LA NORMATIVA DE PATENTES Y SUS CONSECUENCIAS

La crítica de los autores a la actividad de la industria farmacéutica, no se limita a un cuestionamiento de la forma en que ésta interpreta y tuerce la normativa pertinente para extender la protección de patentes sobre invenciones sin mérito inventivo, sino que se proyecta más atrás en el tiempo, a los pasos que esa industria adopta para manipular el proceso de formación normativa, sembrando en esa manipulación una serie de vicios que comprometerían la legitimidad y eficacia de esas normas.

> Se denuncian, por ejemplo, los inconvenientes de las leyes que surgen como consecuencia de presiones políticas para la imposición de un diseño legislativo foráneo, que carece de conexión con la realidad jurídica del país que lo recepciona. La crítica se

---

[21] Baste mencionar que Carlos María Correa es el actual director ejecutivo del South Centre, un think tank intergubernamental, dedicado a la generación de políticas públicas y estudios en favor de los países en desarrollo, y con una reconocida postura anti-patentes farmacéuticas.

> centra esta vez en los tratados internacionales, principalmente el ADPIC y el TLC de Chile-US, que entraron en vigor en nuestro país en el primer lustro del milenio. [22]

Escapa al ámbito de este estudio discutir los pros y los contras de la globalización, de la cual, al menos en el ámbito de la propiedad intelectual, los autores abjuran, sin embargo, es relevante revisar el mérito de las razones que esgrimen para descalificar las normativas de patentes farmacéuticas que en ambos tratados se concordaron.

En lo tocante al ADPIC, los autores se limitan a exponer que en él se encarnarían de manera más potente el resultado de presiones políticas para obtener una protección global de productos farmacéuticos, "pasando por alto el reproche ético que podría haber significado vincular la salud humana con el establecimiento de un sistema de solución de controversias vinculado a cuestiones puramente comerciales" [23] No es posible rebatir esta crítica desde una perspectiva jurídica, ya que ella más bien trasunta un malestar por el devenir histórico y revela nostalgia por una era pretérita en que, a nivel internacional, las cuestiones relativas a propiedad intelectual se discutían y concordaban en el seno de las Naciones Unidas en la Organización Mundial de la Propiedad Intelectual (OMPI), con independencia del espacio en que se discutían y concordaban los acuerdos comerciales.

Deben sin embargo hacerse un par de observaciones. En primer lugar, es plausible apuntar que la vinculación entre propiedad intelectual y comercio, que efectivamente se plasma por vez primera en el ADPIC, obedece a la mayor importancia que dicha disciplina adquirió en el concierto internacional dada la extraordinaria relevancia económica que han ido cobrando los activos que ella puede amparar, al punto que ya no resultaba sensato

---

22 Acuerdo sobre Derechos de Propiedad Intelectual Relacionados con el Comercio (1995) y Tratado de Libre Comercio con Estados Unidos (2004).

23 Obra en comento pág. 8.

disociarla de los temas a los que tradicionalmente las naciones habían otorgado el máximo interés comercial y estratégico.

Que es más bien la importancia relativa aumentada de la propiedad intelectual la que estimuló las presiones para atraerla a la órbita comercial, antes que el objetivo de globalizar la protección de patentes farmacéuticas, como sostienen los autores, parece confirmarlo el hecho que a partir de ADPIC se han multiplicado los ejemplos de tratados comerciales, multi y bilaterales, en los que la propiedad intelectual es también considerada, aun cuando el centro de los capítulos pertinentes no sean precisamente las patentes farmacéuticas [24].

En segundo lugar, y centrados en Chile, es necesario apuntar que ADPIC no estableció la protección de patentes farmacéuticas, ya que nuestro ordenamiento las consagraba en plenitud, desde Septiembre de 1991 fecha en que entró en vigor la Ley 19.039 sobre Propiedad Industrial y las modificaciones que ADPIC imponía, por ejemplo en cuanto a plazos de validez de patentes, enumeración de derechos exclusivos, o materia patentable se asimilaron sin inconvenientes ya que eran reflejo de la forma convencional de entenderlas en el contexto de un ordenamiento global de propiedad industrial, ya a esas fechas bastante uniformado.[25]

Por su parte en cuanto al TLC Chile-US, los autores sostienen que este fue el vehículo la imposición de normas cuyo diseño no tenía ninguna coherencia con los de nuestro ordenamiento

---

24 Acuerdo de Cooperación de Chile con Unión Europea, múltiples tratados bilaterales, el Comprehensive Progressive Transpacific Partnership Agreement (CPTPP) etc.

25 Las normas internas relativas a materia patentable incluyendo invenciones farmacéuticas y derechos exclusivos vigentes a la fecha de entrada en vigor de ADPIC no sufrieron modificaciones, y la consagración de otras como acciones civiles de infracción y reglas para el cálculo de prejuicios, vinieron a perfeccionar un sistema que hacía tiempo las necesitaba.

interno, en un intento de "trasladar sobre un sistema jurídico instituciones que no le pertenecen." [26]

El foco de sus objeciones recae en el Artículo 17. 10 de este tratado, que en su numeral 1. consagra un derecho a la protección por 5 años de la información no divulgada que sustenta la seguridad y eficacia de un producto farmacéutico que emplea una nueva entidad química y que es puesta a disposición de la autoridad regulatoria, para la obtención de "una autorización de comercialización o permiso sanitario", es decir, la institución conocida como Protección de Datos; y en su numeral 2. el derecho a solicitar extensiones de patentes farmacéuticas para compensar las demoras en la obtención de la "autorización de comercialización" del producto que ellas amparan, lo que hoy se conoce en Chile como Protección Suplementaria; y además, la obligación para esa autoridad regulatoria, de denegar la "autorización de comercialización" a cualquier tercero antes de la expiración de la patente que ampare al producto farmacéutico, es decir, la institución del Linkage Farmacéutico.

Los autores afirman que el concepto de "autorización de comercialización" resultaba del todo ajeno a nuestro ordenamiento, al punto que esta terminología "sonaría claramente a una restricción ilegal y arbitraria de la autoridad al libre ejercicio de una actividad económica", un derecho garantizado constitucionalmente.[27] Pero lo artificial de esta crítica resulta manifiesto ya que a los efectos de comercializar un producto farmacéutico en Chile a la fecha de su obra ya era, y continúa siéndolo hoy en día, una condición necesaria y precedente la obtención de un registro sanitario ante el Instituto de Salud Pública.[28]

---

26 Obra en comento, pág. 10.

27 Obra en comento pág. 9.

28 Al año 2004 de entrada en vigor del tratado así lo mandataba el Decreto Supremo de Salud N°1.876, y al año de la obra en comento, otro tanto hacía el Decreto de Salud N°3 (aún vigente) que reemplazó al anterior, y que en su Artículo 20 señala "Todo producto farmacéutico importado o fabricado en el país, para ser distribui-

En efecto, no resultaba necesaria demasiada perspicacia, mucho menos elaboración jurídica, para entender que en nuestro país la concesión de un registro o permiso sanitario para un producto farmacéutico siempre ha implicado una autorización de comercialización. Y si esto resultaba evidente para cualquier lego a la fecha de la entrada en vigor del tratado, con mucho mayor razón debía de resultar igualmente evidente para un juez, formulándose la interrogante ocho años más tarde, a la fecha de publicación de la obra en comento en marzo de 2012.

Una vergonzante anécdota revela cuan evidente resultaba en Chile que permiso o registro sanitario y autorización de comercialización, eran conceptos plenamente equivalentes. En efecto, a pocos meses de entrado en vigor el tratado, el Ministerio de Salud de la época modificó burdamente el Decreto Supremo N°1.876 que contenía el Reglamento Sanitario, para intentar eliminar cualquier mención a la palabra "comercialización" asociada a los efectos de un registro sanitario, ello con la evidente intención de dejar sin base de aplicación la norma del Art. 17.10 2 del tratado. Obviamente esta maniobra obedecía a una finalidad política, la de bloquear la implementación del Linkage Farmacéutico en la normativa interna, y la fórmula para ello era disociar los conceptos de registro sanitario y comercialización modificando la reglamentación pertinente en consecuencia.[29]

Lo anterior demuestra crudamente, que, a diferencia de lo alegado por los autores, la normativa interna y la del tratado, a la fecha de entrada en vigor de este último, eran, en este aspecto, perfectamente coherentes, lo que por una parte anula el basamento jurídico de toda su crítica, y por la otra, desnuda que ésta también trasunta una posición política contraria al Linkage Farmacéutico.

---

do o utilizado a cualquier título en el territorio nacional deberá contar previamente con un registro sanitario".

29 Decreto de Salud N° 245-03 del 29 de Julio de 2004.

Los autores, por último, hacen cuestión de la diferencia en la terminología adoptada en ambos numerales del artículo 17.10 del tratado, ya que en el primero se hace referencia a "una autorización de comercialización o permiso sanitario" y en el segundo, sólo a "autorización de comercialización", lo que en su opinión "deriva en un tremendo problema interpretativo del tratado, cuya exégesis literal permite sostener la existencia de una obligación unilateral de los Estados Unidos". [30]

La crítica nuevamente resulta forzada. Si una norma en uno de sus numerales señala que ambos conceptos "autorización de comercialización y permiso sanitario", se consideraran equivalentes, ¿tiene sentido que el numeral siguiente promueva una idea inversa, con el resultado de invalidar la aplicación de la norma en una de las Partes contratantes? Dudoso que cualquier lego pudiere razonar e interpretar de esta manera, mucho más dudoso aún, que un juez pudiere alentar ese raciocinio.

Mas bien, pareciere probable que un juez chileno llamado a aplicar esta norma del tratado no podría dejar de atender a las normas de interpretación legal y contractual del Código Civil, que en cuanto a la interpretación de las leyes, en su artículo 22 dispone que "los pasajes obscuros de una ley pueden ser ilustrados por medio de otras leyes, particularmente si versan sobre el mismo asunto", siendo evidente que la normativa sanitaria hacia equivalentes los señalados conceptos.

Por su parte en lo relativo a interpretación contractual, el artículo 1.562 del mismo Código dispone que, "el sentido en que una cláusula puede producir algún efecto deberá preferirse a aquel en que no sea capaz de producir efecto alguno". Es decir, comanda una interpretación directamente opuesta a la que los autores utilizan para sustentar su crítica a esta norma del tratado.

---

30 Obra en comento pág. 10.

Para cerrar este punto, debe también hacerse notar que la historia demostró la plena y fácil compenetración la institución de Protección de Datos en nuestro ordenamiento interno, sin que se produjeran ni una sola de las dificultades interpretativas que los autores anticiparon, lo que reafirma lo errado de sus críticas. [31]

En consecuencia, la maniobra y presiones políticas que ellos denuncian no es tal, las instituciones del artículo 17.10 del TLC Chile-US si bien es cierto encuentran antecedente en normas del sistema de patentes y regulatorio de Estados Unidos, ellas se concibieron con la precisa finalidad de generar una situación de balance para las industrias farmacéuticas de innovación y genéricas, lo que se consiguió estableciendo nuevos derechos, de importancia equivalente, en favor de cada sector, e.g. Linkage, Extensiones de Patentes y Protección de Datos para la industria innovadora, y Excepción Bolar, Exclusividad Genérica de 180 días, y Procedimiento Abreviado de Autorización de Comercialización, para la industria genérica.[32]

Estas mismas instituciones, salvo la de Exclusividad Genérica de 180 días, se incluyeron también en otras disposiciones del TLC Chile-US, con lo cual, desde la perspectiva de la propiedad industrial, ellas configuraban un sistema balanceado que no puede descalificarse como lo hacen los autores, al considerarlo como el resultado de una manipulación de la industria farmacéutica con norte a extender sus privilegios de patentes de invención.[33]

---

[31] En efecto el sistema de protección de datos se encuentra en vigor en Chile desde la modificación a la ley 19.039 operada en virtud de la ley 19.996 del año 2005, complementada por los decretos supremos de salud N° 153 del año 2005 y N° 107 del año 2008, y que al 31 de diciembre de 2021 han permitido la concesión de protección de datos a casi 200 productos farmacéuticos que emplean una nueva entidad química, registrados ante el ISP.

[32] Obra citada, "Pharmaceutical Patent Law", John R. Thomas, pág. 13.

[33] El TLC Chile-US, además del Linkage Farmacéutico y la Protección de Datos, también consagra la Excepción Bolar, articulo 17.9:4.; la posibilidad de extensiones de patentes por demoras en su tramitación, y en la tramitación de registro sanitario de un producto farmacéutico patentado, artículos 17.9:6. Y 17.10:2.a). Por su parte,

Asimismo, el carácter extremadamente exógeno, y en consecuencia de legitimidad cuestionable, que los autores atribuyen a esta norma, parece motivado sólo por consideraciones de carácter político desde que para ello pasan por alto no solo lo equilibrado del sistema que ellas implementan en la ley especial que las regula, sino que también las más elementales normas de interpretación del derecho civil, que ni siquiera la más sesgada de las posiciones políticas, podría servir a un juez para ignorarlas.

Finalmente, no puede dejar de notarse la peculiar conclusión a la que arriban los autores, en el sentido que las normas de un tratado internacional carecerían de legitimidad para implementarse en el país si aun siendo claras ellas se desajustan de su sistema jurídico interno, en cuyo caso, "inevitablemente hará que los tribunales, si llegan a aplicarla, lo hagan de la manera más laxa que les sea posible". [34]

Esta apreciación, que viene a fragilizar la normativa de cualquier tratado internacional, refleja muy certeramente que la posición desde la cual los autores ejercen toda su crítica a la industria farmacéutica no es la de un juez llamado a aplicar la ley, sino la de uno que se siente llamado a crearla.

D) LAS INVENCIONES FARMACÉUTICAS CUESTIONADAS

Tras sus críticas generales a la manera en que la industria farmacéutica forzaría el sistema de patentes para obtener protección sobre invenciones carentes de mérito inventivo, y así perpetuar una exclusividad sobre productos y procesos que forman parte del estado de la técnica, los autores se refieren a continuación a varias clases de invenciones farmacéuticas, que en su con-

---

la normativa regulatoria sanitaria contenida en el decreto Supremo N° 1876 a la entrada en vigor de este tratado, ya contemplaba la posibilidad de solicitudes de registro sanitario abreviadas para la industria genérica.

34 Obra en comento pág. 10.

cepto, tendrían por única finalidad intentar superar la valla de la Altura Inventiva, notando sin embargo que: "el problema es que muchas de las alternativas propuestas rompen una y otra vez, la necesaria proporción entre protección y esfuerzo inventivo de que hemos hablado reiteradamente y que justifica la patente". [35]

Una vez más entra en juego el difuso estándar sociocultural que los autores usan como punto de partida a toda su crítica, "esa necesaria proporción entre protección y esfuerzo inventivo" que habría que buscar más allá de la ley, o al menos sin limitar la búsqueda a lo que en ella se dispone. Así vistas las cosas, en su concepto existe una larga lista de invenciones farmacéuticas que no serían sino el resultado de la actividad "prodigiosa e incesante" de la industria farmacéutica para encontrar "alguna fórmula alternativa o mecanismo que intenta extender la protección más allá de los límites del sistema". [36]

No obstante, todas las invenciones farmacéuticas que los autores descalifican tienen pleno sustento legal en nuestro ordenamiento, ya que tanto ADPIC, artículo. 27.1, y la Ley 19.039 sobre Propiedad Industrial, artículo 32, consagran la posibilidad de patentar en todos los campos de la técnica, y, asimismo, ambos cuerpos legales, artículos 33 y 39 respectivamente, limitan la protección por patente a un plazo de 20 años contados desde la solicitud, transcurrido el cual la invención pasa al dominio público, siendo imposible recapturarla a través de una nueva patente, tal como se plantea en la obra en comento.

Igualmente, la evolución normativa y jurisprudencial chilena y la práctica de INAPI, reflejada en las Directrices de Patentes, se han orientado en un sentido muy distinto al propugnado por los autores.

---

35 Obra en comento pág. 21.

36 Obra en comento pág. 21.

Para la revisión de estas invenciones se avanzará en el mismo orden de la obra en comento:

1.- Formulaciones y Composiciones

Si bien los autores no niegan per sé la posibilidad de patentar formulaciones o composiciones, conceptualizadas como la unión de un principio activo conocido y "otros componentes no activos que requiere el producto para ser tal", exponen que en general ellas carecerán de Altura Inventiva dado que será muy infrecuente que esos componentes no activos puedan constituir un aporte inventivo, y que, "más aún es muy probable que la supuesta invención ni siquiera sea capaz de superar la novedad por cuanto si bien no ha existido previamente en el estado del arte una composición equivalente, es en sí misma la mera superposición de elementos previamente conocidos". [37]

Para sustentar esta posición, que arrastra a concluir que la única invención farmacéutica meritoria es la de un nuevo principio activo, los autores niegan valor a avances tecnológicos que se desarrollan a partir de la investigación de principios activos ya conocidos, no obstante, ellos proporcionan nuevas alternativas medicamentosas mejorando así la calidad y expectativa de vida de la población.

Se trata en consecuencia de un tipo de investigación que la mayoría de las sociedades modernas quiere estimular, utilizando para ello el sistema de patentes. Los autores, no obstante, no comparten esta premisa y, por ejemplo, desacreditan el valor de nuevas composiciones o formulaciones con parámetros farmacocinéticos y de biodisponibilidad mejorados, nuevas dosis o usos de productos conocidos para tratar nuevas condiciones. [38]

---

[37] Obra en comento pág. 22.

[38] Obra en comento pág. 22.

No se plantea aquí que toda nueva formulación o composición necesariamente va a reunir Altura Inventiva, pero sin duda que es errado privarlas ab initio de esa posibilidad, tanto porque ello implica vulnerar las normas legales que hemos citado más arriba en este acápite, como por el hecho que ellas suelen corresponder a nuevas soluciones en el área médica y farmacéutica. En todo caso, las autoridades de propiedad industrial han entendido rectamente el valor de estas invenciones, como lo confirma una abundante jurisprudencia en que su patentabilidad ha sido juzgada con objetividad apegándose a los estándares legales. [39]

En efecto, en lo que se refiere a formulaciones es posible citar las siguientes sentencias recientes de INAPI que van en sentido contrario al propugnado por los autores:

Sentencia de INAPI de fecha 18 de diciembre de 2020, en que se resuelve conceder bajo el N° registro 61.488 la solicitud de patente de invención Nº 201401930 a nombre de Regeneron Pharmaceuticals Inc. para una invención titulada: "Formulación farmacéutica estable que comprende un anticuerpo que se une específicamente a angiopoyetina 2 humana (ang-2 humana), histidina, polisorbato y sacarosa; composición farmacéutica que la comprende; y kit".

Sentencia de INAPI de fecha 26 de octubre de 2021, en que se resuelve conceder bajo el N° registro 63.679 la solicitud de patente de invención Nº 201600621 a nombre de Janssen Vaccines & Prevention B.V. para una invención titulada: "Formulación para adenovirus que comprende: a) un adenovirus recombinante; b) un tampón citrato; c) hidroxipropil-betaciclodextrina (HBCD); d) una sal; e) un detergente no iónico; en la que dicha formulación tiene un pH que oscila entre 5,5 y 6,5. Método de conservación de un adenovirus que comprende preparar dicha formulación".

---

39 En apoyo de su posición contraria a la patentabilidad de composiciones y formulaciones farmacéuticas, los autores citan un fallo del Tribunal de Propiedad Industrial en que se rechazó una solicitud para una formulación desodorante, pero ello en ningún caso es ejemplo de la tendencia de la jurisprudencia contemporánea.

Por su parte, en lo que se refiere a composiciones, hay varias sentencias contemporáneas del mismo Tribunal de Propiedad Industrial, asiento de uno de los autores, en que se valora el tipo de avance técnico: "ahorro de tiempo de manufactura y en uso de equipamiento", y "biodisponibilidad mejorada", que los autores descalifican como ilustrativo de altura inventiva.[40] Por ejemplo, es posible citar el siguiente precedente:

Sentencia del Tribunal de Propiedad Industrial de fecha 8 de abril de 2021, Rol TPI 942-2019, en la que se resuelve que la composición reivindicada por la solicitud 178-2009 reúne nivel inventivo, ya que en su producción se requiere de menos pasos de procesamiento, lo cual permite un ahorro de tiempo y menor uso de equipos. En este caso, se valora además el que los inventores avanzaron en contra de un prejuicio de la técnica, ya que publicaciones científicas concluían que el uso de la composición reivindicada no era recomendable.

2.- Combinaciones

Aquí la crítica va por el mismo carril anterior, y los autores dudan que la combinación de dos principios activos conocidos pueda reunir algún mérito inventivo, ya que en la mayoría de los casos si esa combinación presenta alguna ventaja, ella estará asociada a las propiedades naturales de las moléculas que se combinan.

Se trata sólo de una simple afirmación para la cual los autores no ofrecen fundamentación, resultando sin embargo paradojal que uno de los ejemplos hipotéticos que plantean para graficar una combinación carente de altura inventiva, es la que refiere al uso del paracetamol y penicilina de manera combinada para el tratamiento de una herida infectada. [41]

---

[40] Obra en comento, pág. 22.

[41] Obra en comento, pág. 25.

En efecto fue el mismo Tribunal de Propiedad Industrial, en un fallo reciente revocando la sentencia de primer grado, el que valida la altura inventiva de una invención que reivindica el uso combinado de paracetamol + ibuprofeno, una combinación casi exactamente análoga a la que en el trabajo en comento se descalifica.

Se hace referencia a la sentencia Rol TPI 1961-2019, de fecha 15 de diciembre de 2021, en virtud de la cual se revocó la sentencia de primer grado y se concedió la solicitud 1250-2013 para una composición de Ibuprofeno + Paracetamol, gracias al efecto sorprendente en velocidad de respuesta e intensidad del alivio de dolor que ésta exhibió, resultado que no era esperable, ni menos deducible del arte previo, que no sugería un efecto sinérgico.

3.- Nuevas dosis, concentraciones y cambios en la vía de administración

La crítica de los autores se hace aquí confusa, y no se capta bien si la objeción reside en que atribuyen a estas invenciones su manida presunción de falta de Altura Inventiva, o, más bien, si ella descansa en que estas invenciones encarnan en realidad un método de tratamiento terapéutico. Citando a Correa, los autores destacan que una dosificación no es un producto ni un proceso, sino la forma en que un producto se utiliza terapéuticamente.[42]

Sin embargo, y si se entiende como crítica, este último cargo resulta vacío y no da espacio a discusión alguna, ya que en lo que concierne a Chile, siempre ha habido claridad en que los métodos de tratamiento terapéutico no constituyen una invención y por consiguiente no son susceptibles de patentamiento.[43]

---

[42] Obra en comento pág. 26.

[43] El artículo 37 d) de la Ley 19.039 sobre Propiedad Industrial excluye el patentamiento de estos métodos.

Debe en todo caso apuntarse desde ya que las patentes de segundo uso médico históricamente han sido reconocidas en nuestra legislación y expresamente validadas por la práctica y jurisprudencia de INAPI, y también por el Tribunal de Propiedad Industrial, como revisaremos más adelante al abordar ese tipo de invenciones en particular. Por ahora baste citar un precedente reciente de INAPI en que la adopción de la nomenclatura "Forma de dosificación" en el título de una solicitud de patente farmacéutica, no constituyó óbice para su aceptación.

Se trata de la decisión de INAPI de fecha 29 de septiembre de 2020 recaída en la solicitud de patente de invención N° 201501681 a nombre de Sanofi, para una invención titulada: "Forma de dosificación sólida oral que comprende entre 45-92% en peso de fexofenadina, entre 4-20% en peso de excipiente termofusionable; procedimiento de preparación mediante termofusión; y uso de la misma como antihistamínico, broncodilatador y/o para el tratamiento de alergias y/o urticarias".

4.- Sales, éteres, ésteres y formas cristalinas

Los autores vuelven aquí a su premisa basal, si el principio activo que compone un medicamento es un ácido o una base, se puede formar con él una sal, pero, aunque esa sal tenga mejores propiedades farmacocinéticas, se seguiría tratando del mismo principio activo (ya conocido) con parecidos efectos, luego este tipo de solicitudes "difícilmente podría superar el nivel inventivo, no obstante, son una de las fórmulas más frecuentes de intentar extender la protección" (del principio activo). [44]

Más adelante los autores, una vez más citando a Correa, hacen ver su aprecio y ponderación de la legislación de la India en la que sales, ésteres, éteres, polimorfos, metabolitos, formas pu-

---

[44] Obra en comento pág. 30.

ras, tamaños de partículas, isómeros, complejos, combinaciones y otros derivados de sustancias conocidas se consideran la misma sustancia conocida, y por tanto no deben patentarse, salvo diferencias significativas en su eficacia.[45]

Pero, de nuevo, esto no pasa de una manifestación primariamente ideológica y política, ya que jurídicamente es difícil hallar si quiera un canal de conexión e influencia entre los regímenes de propiedad industrial de Chile e India, que pudiere justificar invocar el de esta última como una fuente material del derecho en Chile, y que en esa condición pudiere servir para sustentar el rechazo a patentamiento de cualquier clase de invenciones en nuestro país.

Por otra parte, también una vez más la jurisprudencia de nuestras autoridades de propiedad industrial se aparta de lo alegado por los autores, habiendo validado la patentabilidad de diversas manifestaciones físicas de principios activos conocidos. Por ejemplo, con fecha 8 de junio de 2018 INAPI acogió la solicitud de patente de invención N° 201202259 a nombre Astrazeneca AB. para una invención titulada: "Forma cristalina de 4-[(1s,2s)-2-[(4-ciclobutilpiperazin-1-il)carbonil]ciclopropil] benzamida; composición farmacéutica; y su uso para tratar enfermedades tales como esquizofrenia, narcolepsia, somnolencia diurna excesiva, obesidad, trastorno por déficit de atención con hiperactividad, trastorno de tourette, dolor neuropático periférico o diabético, entre otros".

Por su parte el Tribunal de Propiedad Industrial, tampoco ha encontrado impedimentos legales o doctrinarios para rechazar a priori este tipo de invenciones, y es así como ha permitido el patentamiento de formas cristalinas y amorfas, por ejemplo en el caso de la sentencia Rol TPI 2124-2017, de fecha 7 de junio de 2019, en virtud de la cual se acogió a patentamiento la solicitud

---

45 Obra en comento pág. 31.

2417-2008 y cuyo considerando segundo reza como sigue: "*Que, tanto la doctrina como la jurisprudencia de este tribunal, permiten el patentamiento de las formas cristalinas y amorfas, con tal que no se haya descrito la forma previamente en el arte y la nueva disposición sea capaz de acreditar una ventaja respecto del arte previo*".

Esa misma consideración ya había sido formulada en el considerando tercero de la sentencia del Tribunal de Propiedad Industrial de fecha 16 de noviembre de 2018, en la causa Rol 183-2017 en que se resolvió favorablemente la solicitud 716-2011.

Por último, confirmando la plena patentabilidad de las diversas formas físicas cristalinas de una misma entidad química, fenómeno conocido como polimorfismo, y respecto de las cuales los autores extienden el mismo manto de duda respecto de su nivel inventivo, es la propia práctica de INAPI recogida en las Directrices de Patentes, la que reconoce expresamente la patentabilidad de este tipo de invenciones, explicando cómo debe conducirse su examen de patentabilidad usando el Método Problema Solución, y fija los rasgos que denotan actividad inventiva en su concepción. [46]

5.- Enantiómeros

Con respecto a esta especialísima categoría de compuestos que poseen la misma composición y peso molecular relativo, pero que difieren en su estructura química, los autores repiten su argumentación. En síntesis, los isómeros de un compuesto tendrán casi siempre las mismas características y propiedades, con lo cual conocido uno, si bien el otro no es anticipado, si debe rendirse obvio.

Llama la atención, sin embargo, a pesar de que los autores parecen reconocer que estos nuevos isómeros podrían llegar a ser

---

[46] Directrices de Patentes pág. 216.

patentables, igual concluyen que el problema estriba que aun en el evento que ellos muestren avances y propiedades, éstas "serán incapaces de ajustarse a un estándar aceptable de nivel inventivo que justifique en términos de justicia el otorgamiento de un derecho de comercialización exclusivo". Es decir, la apelación, nuevamente, a un parámetro extralegal que sólo un juez podría hallar, lo que contamina de subjetividad su análisis. [47]

6.- Reivindicaciones tipo Markush

En relación con este tipo de reivindicaciones, que aúnan múltiples alternativas de compuestos químicos que poseen propiedades y estructuras comunes, los autores conceden que ellas pudieran aceptarse, pero sólo para amparar aquellos compuestos respecto de los cuales el solicitante allegue evidencia experimental, ya que todas las alternativas restantes serían "meramente teóricas". Por lo mismo este tipo de reivindicaciones constituirían otra de las formas de extensión artificial de protección de la patente ya que ellas pueden "abarcar una infinidad de combinaciones que son meros supuestos sin sustento práctico alguno". [48]

En definitiva, los autores descalifican esta forma de reivindicar, ya que el limitado espacio de validación que les conceden, circunscrito sólo a la alternativa química ejemplificada, y más aun con evidencia experimental (un requisito inexistente en nuestra legislación salvo para las patentes de segundo uso) implica que esa reivindicación genérica se transformaría en los hechos en una reivindicación tradicional de compuesto farmacéutico.

No es esta la ocasión para abundar respeto de las razones que justifican la necesidad de contar con la alternativa de reivindicaciones genéricas del tipo Markush y como ellas pueden favorecer

---

[47] Obran en comento, pág. 35.

[48] Obra en comento pág. 35.

la investigación y desarrollo en el ámbito farmacéutico, sin embargo debe precisarse que la restrictiva visión de los autores en cuanto a su suficiencia técnica, no encuentra asidero en Chile ni en el derecho comparado, donde en general se reconoce que el estándar aceptable de sustento debe mirarse a través de los ojos de una persona normalmente versada en la materia, y preguntarse si para esa persona la reivindicación y la memoria descriptiva ofrecen enseñanza suficiente como para producir y usar todas las alternativas químicas reivindicadas, sin necesidad de incurrir en excesiva experimentación.[49]

En este caso los prejuicios de los autores también han sido matizados por la jurisprudencia de nuestras autoridades de propiedad industrial y por la práctica de INAPI recogida en sus Directrices de Patentes.

En efecto, aún con ciertas restricciones, el Tribunal de Propiedad Industrial ha aceptado este tipo de invenciones en varios casos.

Así por ejemplo en su sentencia ROL TPI No 49-2018, de fecha 5 de diciembre del 2019, se acogió la solicitud 2779-2008, bajo el siguiente raciocinio: "*Que, el problema anterior ha sido frecuentemente enfrentado por la praxis del derecho de patentes, particularmente en las patentes del área farmacéutica y en especial a propósito de las fórmulas Markush, alternativa de redacción de patentes que se contempla en las reivindicaciones de autos, así pues, en esos casos de redacciones amplias, extensas y con un contenido difuso, tradicionalmente se ha resuelto el problema exigiendo que se exhiba por el solicitante la aplicación práctica de su invención, que no es otra cosa que circunscribir la invención a los ejemplos concretos de aplicación de la misma. Dicho de otra forma, se han aceptado las fórmulas Markush, con tal que en la memoria descriptiva se*

---

[49] En este sentido, ver por ejemplo "The Death of the Genus Claim", Karshtedt, Lemley and Seymore. Harvard Journal of Law & Technology. Volume 35, Number 1 Fall 2021. Y también, las Directrices de Patentes, pág. 118 y siguientes.

expongan los ejemplos de aplicación específicos con los cuales se trabajó y que en definitiva, son la aplicación práctica de lo inventado".

Otro tanto se constata de la sentencia ROL TPI No 272-2011, de fecha 31 de enero de 2013, recaída en la solicitud 3488-2006. La propia sentencia se refiere específicamente a lo manifestado por Correa y por Arellano al respecto, para luego afirmar que: "*Que, las reivindicaciones del tipo Markush constituyen todo un desafío para el análisis de patentes, puesto que pueden verse desde dos criterios generales: una forma de entenderlas es atender a la descripción de su estructura, de lo que resultaría que al ser descripciones tan amplias, todo lo posterior a ellas debería afectarse por novedad o nivel inventivo, la otra forma de entenderlas, es advertir que una descripción así de amplia no está refiriéndose a nada real en específico, en cuyo caso, corresponde hacerse cargo de los ejemplos descritos como aplicaciones concretas de la fórmula Markush, y entender que lo patentado son verdaderamente los ejemplos, más que la descripción Markush. Aceptar el asunto de la primera manera descrita, implica condenar al sistema de patentes, puesto que la posibilidad de nuevas patentes en el área seria mínima, por ello la interpretación generalmente aceptada es la segunda posibilidad antes descrita*". Luego, en su considerando sexto señala lo siguiente: "SEXTO: *Que, todo lo expresado, lleva a estos sentenciadores al convencimiento de no estar frente a una mera construcción teórica para prolongar el período de protecciones logradas bajo la fórmula Markush, sino frente a un desarrollo real que implica esfuerzo creativo y que revela actividad y altura inventiva*".

Por su parte, la práctica de INAPI también ha validado esta forma de redactar reivindicaciones al regular expresamente en sus Directrices de Patentes la manera cómo éstas deben ser examinadas, notando que más de una alternativa química puede ser amparable en una reivindicación, en la medida que todas ellas tengan una propiedad o actividad común y también una estructura similar común a todas. [50]

---

[50] Directrices de patentes, pág. 119.

7.- Procedimientos Equivalentes

Los autores no apuntan en este caso a un tipo de invenciones en particular, sino que se limitan a denunciar el riesgo que sobre la base de una interpretación del artículo 28 b) de ADPIC , se pueda llegar a establecer en Chile la posibilidad de reivindicar un producto por su proceso de elaboración, y, una vez concedida la patente de proceso, su titular persiga a todo quién comercializa el mismo producto que puede obtenerse por su proceso patentado, aun cuando en los hechos ese tercero lo haya producido siguiendo otro proceso.[51]

No se difiere en este punto de la visión de los autores, sin embargo, debe anotarse que ella no pasa de ser un temor teórico, ya que a esta fecha no parecen conocerse casos que en sede administrativa o judicial hayan domiciliado esa problemática, y, por cierto, el caso que los autores citan a modo de ejemplo tampoco lo hace.[52]

8.- Metabolitos y Prodrogas

Los autores se limitan en este punto a explicar los conceptos de metabolito y prodroga, y genéricamente, a cuestionar la posibilidad de patentar los primeros, por no ser sino la consecuencia de un proceso natural de metabolización, que en si nunca pudiera constituir una invención. Aunque al final del acápite vuelven a relativizar su no patentabilidad, bajo la conocida premisa de que, si bien podrían llegar a poseer Novedad, muy difícilmente llegarían a tener Altura Inventiva, no hay mayor basamento legal para sus afirmaciones las que tampoco sustentan con ningún caso en que esta práctica de patentar metabolitos se haya plasmado alguna vez en Chile.

Poco puede rebatirse en consecuencia.

---

51 La norma del artículo 28 b) de ADPIC señala: __?

52 Obra en comento págs. 36-39.

9.- Métodos de Tratamiento

Los autores no elaboran nada concreto en relación con esta clase de invenciones, respecto de las cuales en Chile hace ya más de 30 años resulta pacífico que no pueden ser materia elegible para patentamiento por disposición legal expresa, resultando entonces ocioso comentar algo más al respecto.[53]

10.- El Segundo Uso Médico

Los autores esbozan un atisbo de crítica, notando que, en el ADPIC, el mismo tratado que al inicio de su trabajo sindican como el ejemplo más potente de una cuestionable y deslegitimadora presión política, sólo se reconocen invenciones de producto y proceso, y no invenciones de uso. No hay más críticas sustantivas contra estas invenciones, sino, nuevamente, la sola manifestación de una queja por su "extraordinaria proliferación".[54]

Ante la falta de mayores argumentos o la cita de casos que demostraren la inconveniencia de patentar segundos usos, sólo debe destacarse que el patentamiento de segundos usos, médicos o de otra clase productos, se encuentra permitido en Chile desde el 30 de Septiembre de 1991 cuando entró en vigor la Ley 19.039 sobre Propiedad Industrial, y que esa misma norma legal fue modificada en los años 2005 y 2007, ratificándose su validez, y delineándose con mayor detalle los requisitos que debían satisfacer para su aceptación a registro, y, finalmente, objeto de un exhaustivo tratamiento en la Directrices de Patentes. [55]

Todo lo anterior confirma que este tipo de invenciones se encuentra firmemente arraigado en nuestro ordenamiento, y no

---

53 Art. 37 d) de la Ley 19.039 sobre Propiedad Industrial.

54 Obra en comento pág. 41.

55 Articulo 37 2) de la Ley 19.039 sobre Propiedad Industrial y Directrices de Patentes, págs. 175-179.

es sino lógico que INAPI y el Tribunal de Propiedad Industrial en repetidas ocasiones se hayan pronunciado favorablemente a su respecto,

Por ejemplo INAPI aceptó este tipo de invenciones en sus decisiones de fecha 14 de diciembre de 2020 concediendo la solicitud de patente Nº 201403510 a nombre de Biotechnology Institute, I Más D, S.L. para una invención titulada: "Uso de una composición rica en factores de crecimiento obtenidos a partir de plasma sanguíneo para el tratamiento de enfermedades neurodegenerativas"; y 11 de enero de 2023, concediendo la solicitud Nº 201703404 a nombre de Janssen Sciences Ireland, para una invención titulada: "Uso de amidas espirocíclicas para tratar la tuberculosis; compuestos; proceso de preparación; composición y combinación" .

Por su parte, el Tribunal de Propiedad Industrial en la causa ROL TPI No 740-2014, resolvió el 9 de diciembre 2015, acoger la solicitud 199802271 para una invención titulada: "Uso de una composición farmacéutica que comprende acido 11-(3-dimetilaminopropiliden)-6,11-dihidrodibenz[b,e] oxepin-2-acetico para preparar un medicamento destinado a tratar enfermedades oculares alérgicas en seres humanos".

11.- Patentes de selección

Según los autores, la finalidad de una invención de selección no es otra que "renovar una y otra vez la protección que posee el principio activo originalmente desarrollado por la vía de requerir patentes sucesivas sobre aplicaciones muy específicas del mismo".[56]

Pese a esta visión de los autores, la práctica de INAPI reconoce el valor de estas invenciones, y en sus Directrices de Patentes

---

56 Obra en comento, pág. 41.

les dispensa consagración expresa, explicando que se trata de subconjuntos o subintervalos seleccionados del estado de la técnica más cercano, y que en la medida que el mismo se relacione con un efecto técnico particular e inesperado, y no existan indicios que lleven al experto a realizar dicha selección, la invención de selección reunirá Altura Inventiva.[57]

La crítica a estas invenciones resulta también incomprensible, si se tiene presente que a la fecha de la obra en comento la Ley 19.039 de Propiedad Industrial ya había incorporado una norma que permite solicitar una licencia obligatoria en el evento que una patente no pudiera ser explotada sin infringir una patente anterior. La hipótesis legal reafirma que es posible patentar invenciones específicas, a partir de las divulgaciones de una invención genérica anterior, la misma lógica que a los autores parece perturbar.[58]

En definitiva, tanto la Ley como la práctica de INAPI orientadas, una vez más y tal cual en todas las demás invenciones enumeradas en este capítulo, en una dirección opuesta a la propugnada por los autores.

E) CONCLUSIÓN

De lo que se ha venido analizando es posible concluir que la obra en comento no ofrece razones satisfactorias para sustentar sus críticas al actuar de la industria farmacéutica de investigación y desarrollo en el ámbito de las patentes de invención.

En efecto, y en primer lugar, la idea que las normas relativas a productos y patentes farmacéuticas del tratado ADPIC y del TLC Chile-US carecerían de legitimidad por ser el resultado de presiones políticas que buscaban la imposición de una instituciona-

---

57 Directrices de Patentes, pág. 215.

58 Ley 19.039 de Propiedad Industrial, articulo 51 3).

lidad foránea totalmente incompatible con la normativa chilena, se probó falsa, dada su pacífica absorción en la legislación interna chilena y su plena eficacia al ser aplicada en decenas de casos, tanto por las autoridades de propiedad industrial, como por la autoridad regulatoria encargada de otorgar registros sanitarios.

Por otra parte, las críticas que la obra en comento formula a una serie de invenciones farmacéuticas cuyo objetivo principal, en la visión de los autores, sería extender la protección por patentes de moléculas y principios activos ya conocidos, se apoya en una deficiente interpretación del requisito de Altura Inventiva, que contraviene la orientación que este requisito recibe en la legislación chilena y en la práctica de las autoridades de propiedad industrial recogida en las Directrices de Patentes.

Asimismo, la objetividad de la obra en comento resulta dudosa, ya que en ella se entiende que la valía y legitimidad de las invenciones farmacéuticas debe juzgarse bajo un estándar de aceptabilidad y justicia social que se hallaría más allá de los límites que impone la normativa legal de patentes. No obstante, los autores fallan en ofrecer una regla o parámetro concreto para dicha búsqueda, la que en consecuencia parece quedar entregada a sus particulares convicciones y creencia personales en la materia.

Por último, dado que la argumentación promovida en esta obra coincide llamativamente en estructura y contenido con la de varias otras que también alientan una visión crítica del patentamiento farmacéutico (por ejemplo, la obra citada de Carlos Correa) es posible extender a todas ellas, en lo que corresponda, los contrargumentos que se desarrollan en el presente análisis.

Anexo 1. Acuerdo sobre los aspectos de los derechos de propiedad

INTELECTUAL RELACIONADOS CON EL COMERCIO

Los Miembros,

Deseosos de reducir las distorsiones del comercio internacional y los obstáculos al mismo, y teniendo en cuenta la necesidad de fomentar una protección eficaz y adecuada de los derechos de propiedad intelectual y de asegurarse de que las medidas y procedimientos destinados a hacer respetar dichos derechos no se conviertan a su vez en obstáculos al comercio legítimo;

Reconociendo, para este fin, la necesidad de nuevas normas y disciplinas relativas a:

a. la aplicabilidad de los principios básicos del GATT de 1994 y de los acuerdos o convenios internacionales pertinentes en materia de propiedad intelectual;

b. la provisión de normas y principios adecuados relativos a la existencia, alcance y ejercicio de los derechos de propiedad intelectual relacionados con el comercio;

c. la provisión de medios eficaces y apropiados para hacer respetar los derechos de propiedad intelectual relacionados con el comercio, tomando en consideración las diferencias entre los sistemas jurídicos nacionales;

d. la provisión de procedimientos eficaces y ágiles para la prevención y solución multilaterales de las diferencias entre los gobiernos; y

e. disposiciones transitorias encaminadas a conseguir la más plena participación en los resultados de las negociaciones;

Reconociendo la necesidad de un marco multilateral de principios, normas y disciplinas relacionados con el comercio internacional de mercancías falsificadas;

Reconociendo que los derechos de propiedad intelectual son derechos privados;

Reconociendo los objetivos fundamentales de política general pública de los sistemas nacionales de protección de los derechos de propiedad intelectual, con inclusión de los objetivos en materia de desarrollo y tecnología;

Reconociendo asimismo las necesidades especiales de los países menos adelantados Miembros por lo que se refiere a la aplicación, a nivel nacional, de las leyes y reglamentos con la máxima flexibilidad requerida para que esos países estén en condiciones de crear una base tecnológica sólida y viable;

Insistiendo en la importancia de reducir las tensiones mediante el logro de compromisos más

firmes de resolver por medio de procedimientos multilaterales las diferencias sobre cuestiones de propiedad intelectual relacionadas con el comercio;

Deseosos de establecer unas relaciones de mutuo apoyo entre la OMC y la Organización Mundial de la Propiedad Intelectual (denominada en el presente Acuerdo "OMPI") y otras organizaciones internacionales competentes;

Convienen en lo siguiente:

PARTE I
DISPOSICIONES GENERALES Y PRINCIPIOS BÁSICOS

ARTÍCULO 1
NATURALEZA Y ALCANCE DE LAS OBLIGACIONES

1. Los Miembros aplicarán las disposiciones del presente Acuerdo. Los Miembros podrán prever en su legislación, aunque no estarán obligados a ello, una protección más amplia que la exigida por el presente Acuerdo, a condición de que tal protección no infrinja las disposiciones del mismo. Los Miembros podrán establecer libremente el método adecuado para aplicar las disposiciones del presente Acuerdo en el marco de su propio sistema y práctica jurídicos.
2. A los efectos del presente Acuerdo, la expresión "propiedad intelectual" abarca todas las categorías de propiedad intelectual que son objeto de las secciones 1 a 7 de la Parte II.
3. Los Miembros concederán a los nacionales de los demás Miembros[59] el trato previsto en el presente Acuerdo. Respecto del derecho de propiedad intelectual pertinente, se entenderá por nacionales de los demás Miembros las personas físicas o jurídicas que cumplirían los criterios establecidos para poder beneficiarse de la protección en el Convenio de París (1967), el Convenio de Berna (1971), la Convención de Roma y el Tratado sobre la Propiedad Intelectual respecto de los Circuitos Integrados, si todos

---

[59] Por el término "nacionales" utilizado en el presente Acuerdo se entenderá, en el caso de un territorio aduanero distinto Miembro de la OMC, las personas físicas o jurídicas que tengan domicilio o un establecimiento industrial o comercial, real y efectivo, en ese territorio aduanero.

los Miembros de la OMC fueran miembros de esos convenios[60]. Todo Miembro que se valga de las posibilidades estipuladas en el párrafo 3 del artículo 5 o en el párrafo 2 del artículo 6 de la Convención de Roma lo notificará según lo previsto en esas disposiciones al Consejo de los Aspectos de los Derechos de Propiedad Intelectual relacionados con el Comercio (el "Consejo de los ADPIC").

ARTÍCULO 2
CONVENIOS SOBRE PROPIEDAD INTELECTUAL

1. En lo que respecta a las Partes II, III y IV del presente Acuerdo, los Miembros cumplirán los artículos 1 a 12 y el artículo 19 del Convenio de París (1967).
2. Ninguna disposición de las Partes I a IV del presente Acuerdo irá en detrimento de las obligaciones que los Miembros puedan tener entre sí en virtud del Convenio de París, el Convenio de Berna, la Convención de Roma y

---

60 En el presente Acuerdo, por "Convenio de París" se entiende el Convenio de París para la Protección de la Propiedad Industrial; la mención "Convenio de París (1967)" se refiere al Acta de Estocolmo de ese Convenio, de fecha 14 de julio de 1967. Por "Convenio de Berna", se entiende el Convenio de Berna para la Protección de las Obras Literarias y Artísticas; la mención "Convenio de Berna (1971)" se refiere al Acta de París de ese Convenio, de 24 de julio de 1971. Por "Convención de Roma" se entiende la Convención Internacional sobre la Protección de los Artistas Intérpretes o Ejecutantes, de los Productores de Fonogramas y los Organismos de Radiodifusión, adoptada en Roma el 26 de octubre de 1961. Por "Tratado sobre la Propiedad Intelectual respecto de los Circuitos Integrados" (Tratado IPIC) se entiende el Tratado sobre la Propiedad Intelectual respecto de los Circuitos Integrados, adoptado en Washington el 26 de mayo de 1989. Por "Acuerdo sobre la OMC" se entiende el Acuerdo por el que se establece la OMC.

el Tratado sobre la Propiedad Intelectual respecto de los Circuitos Integrados.

ARTÍCULO 3
TRATO NACIONAL

1. Cada Miembro concederá a los nacionales de los demás Miembros un trato no menos favorable que el que otorgue a sus propios nacionales con respecto a la protección[61]3 de la propiedad intelectual, a reserva de las excepciones ya previstas en, respectivamente, el Convenio de París (1967), el Convenio de Berna (1971), la Convención de Roma o el Tratado sobre la Propiedad Intelectual respecto de los Circuitos Integrados. En lo que concierne a los artistas intérpretes o ejecutantes, los productores de fonogramas y los organismos de radiodifusión, esta obligación sólo se aplica a los derechos previstos en el presente Acuerdo. Todo Miembro que se valga de las posibilidades estipuladas en el artículo 6 del Convenio de Berna (1971) o en el párrafo 1 b) del artículo 16 de la Convención de Roma lo notificará según lo previsto en esas disposiciones al Consejo de los ADPIC.
2. Los Miembros podrán recurrir a las excepciones permitidas en el párrafo 1 en relación con los procedimientos judiciales y administrativos, incluida la designación de un domicilio legal o el nombramiento de un agente dentro de la jurisdicción de un Miembro, solamente cuando tales excepciones sean necesarias para conseguir el cumpli-

---

[61] A los efectos de los artículos 3 y 4, la "protección" comprenderá los aspectos relativos a la existencia, adquisición, alcance, mantenimiento y observancia de los derechos de propiedad intelectual, así como los aspectos relativos al ejercicio de los derechos de propiedad intelectual de que trata específicamente este Acuerdo.

miento de leyes y reglamentos que no sean incompatibles con las disposiciones del presente Acuerdo, y cuando tales prácticas no se apliquen de manera que constituya una restricción encubierta del comercio.

ARTÍCULO 4
TRATO DE LA NACIÓN MÁS FAVORECIDA

Con respecto a la protección de la propiedad intelectual, toda ventaja, favor, privilegio o inmunidad que conceda un Miembro a los nacionales de cualquier otro país se otorgará inmediatamente y sin condiciones a los nacionales de todos los demás Miembros. Quedan exentos de esta obligación toda ventaja, favor, privilegio o inmunidad concedidos por un Miembro que:

a. se deriven de acuerdos internacionales sobre asistencia judicial o sobre observancia de la ley de carácter general y no limitados específicamente a la protección de la propiedad intelectual;

b. se hayan otorgado de conformidad con las disposiciones del Convenio de Berna (1971) o de la Convención de Roma que autorizan que el trato concedido no esté en función del trato nacional sino del trato dado en otro país;

c. se refieran a los derechos de los artistas intérpretes o ejecutantes, los productores de fonogramas y los organismos de radiodifusión, que no estén previstos en el presente Acuerdo;

d. se deriven de acuerdos internacionales relativos a la protección de la propiedad intelectual que hayan entrado en vigor antes de la entrada en vigor del Acuerdo sobre la OMC, a condición de que esos acuerdos se notifiquen al Consejo de los ADPIC y no constituyan una discriminación arbitraria o injustificable contra los nacionales de otros Miembros.

ARTÍCULO 5
ACUERDOS MULTILATERALES SOBRE ADQUISICIÓN Y MANTENIMIENTO DE LA PROTECCIÓN

Las obligaciones derivadas de los artículos 3 y 4 no se aplican a los procedimientos para la adquisición y mantenimiento de los derechos de propiedad intelectual, estipulados en acuerdos multilaterales concertados bajo los auspicios de la OMPI.

ARTÍCULO 6
AGOTAMIENTO DE LOS DERECHOS

Para los efectos de la solución de diferencias en el marco del presente Acuerdo, a reserva de lo dispuesto en los artículos 3 y 4 no se hará uso de ninguna disposición del presente Acuerdo en relación con la cuestión del agotamiento de los derechos de propiedad intelectual.

ARTÍCULO 7
OBJETIVOS

La protección y la observancia de los derechos de propiedad intelectual deberán contribuir a la promoción de la innovación tecnológica y a la transferencia y difusión de la tecnología, en beneficio recíproco de los productores y de los usuarios de conocimientos tecnológicos y de modo que favorezcan el bienestar social y económico y el equilibrio de derechos y obligaciones.

ARTÍCULO 8
PRINCIPIOS

1. Los Miembros, al formular o modificar sus leyes y reglamentos, podrán adoptar las medidas necesarias para proteger la salud pública y la nutrición de la población, o para promover el interés público en sectores de importancia vital para su desarrollo socioeconómico y tecnológico, siempre que esas medidas sean compatibles con lo dispuesto en el presente Acuerdo.
2. Podrá ser necesario aplicar medidas apropiadas, siempre que sean compatibles con lo dispuesto en el presente Acuerdo, para prevenir el abuso de los derechos de propiedad intelectual por sus titulares o el recurso a prácticas que limiten de manera injustificable el comercio o redunden en detrimento de la transferencia internacional de tecnología.

...

SECCIÓN 5: PATENTES

ARTÍCULO 27
MATERIA PATENTABLE

1. Sin perjuicio de lo dispuesto en los párrafos 2 y 3, las patentes podrán obtenerse por todas las invenciones, sean de productos o de procedimientos, en todos los campos de la tecnología, siempre que sean nuevas, entrañen una actividad inventiva y sean susceptibles de aplicación industrial[62].

---

[62] A los efectos del presente artículo, todo Miembro podrá considerar que las expresiones "actividad inventiva" y "susceptibles de aplicación industrial" son sinónimos respectivamente de las expresiones "no evidentes" y "útiles".

Sin perjuicio de lo dispuesto en el párrafo 4 del artículo 65, en el párrafo 8 del artículo 70 y en el párrafo 3 del presente artículo, las patentes se podrán obtener y los derechos de patente se podrán gozar sin discriminación por el lugar de la invención, el campo de la tecnología o el hecho de que los productos sean importados o producidos en el país.

2. Los Miembros podrán excluir de la patentabilidad las invenciones cuya explotación comercial en su territorio deba impedirse necesariamente para proteger el orden público o la moralidad, inclusive para proteger la salud o la vida de las personas o de los animales o para preservar los vegetales, o para evitar daños graves al medio ambiente, siempre que esa exclusión no se haga meramente porque la explotación esté prohibida por su legislación.

3. Los Miembros podrán excluir asimismo de la patentabilidad:

   a. los métodos de diagnóstico, terapéuticos y quirúrgicos para el tratamiento de personas o animales;

   b. las plantas y los animales excepto los microorganismos, y los procedimientos esencialmente biológicos para la producción de plantas o animales, que no sean procedimientos no biológicos o microbiológicos. Sin embargo, los Miembros otorgarán protección a todas las obtenciones vegetales mediante patentes, mediante un sistema eficaz sui generis o mediante una combinación de aquéllas y éste. Las disposiciones del presente apartado serán objeto de examen cuatro años después de la entrada en vigor del Acuerdo sobre la OMC.

ARTÍCULO 28
DERECHOS CONFERIDOS

1. Una patente conferirá a su titular los siguientes derechos exclusivos:

   a. cuando la materia de la patente sea un producto, el de impedir que terceros, sin su consentimiento, realicen actos de: fabricación, uso, oferta para la venta, venta o importación[63] para estos fines del producto objeto de la patente;

   b. cuando la materia de la patente sea un procedimiento, el de impedir que terceros, sin su consentimiento, realicen el acto de utilización del procedimiento y los actos de: uso, oferta para la venta, venta o importación para estos fines de, por lo menos, el producto obtenido directamente por medio de dicho procedimiento.

2. Los titulares de patentes tendrán asimismo el derecho de cederlas o transferirlas por sucesión y de concertar contratos de licencia.

ARTÍCULO 29
CONDICIONES IMPUESTAS A LOS SOLICITANTES DE PATENTES

1. Los Miembros exigirán al solicitante de una patente que divulgue la invención de manera suficientemente clara y completa para que las personas capacitadas en la técnica de que se trate puedan llevar a efecto la invención, y podrán

---

63 Este derecho, al igual que todos los demás derechos conferidos por el presente Acuerdo respecto del uso, venta, importación u otra forma de distribución de productos, está sujeto a las disposiciones del artículo 6.

exigir que el solicitante indique la mejor manera de llevar a efecto la invención que conozca el inventor en la fecha de la presentación de la solicitud o, si se reivindica la prioridad, en la fecha de prioridad reivindicada en la solicitud.

2. Los Miembros podrán exigir al solicitante de una patente que facilite información relativa a sus solicitudes y las correspondientes concesiones de patentes en el extranjero.

ARTÍCULO 30
EXCEPCIONES DE LOS DERECHOS CONFERIDOS

Los Miembros podrán prever excepciones limitadas de los derechos exclusivos conferidos por una patente, a condición de que tales excepciones no atenten de manera injustificable contra la explotación normal de la patente ni causen un perjuicio injustificado a los legítimos intereses del titular de la patente, teniendo en cuenta los intereses legítimos de terceros.

ARTÍCULO 31
OTROS USOS SIN AUTORIZACIÓN DEL TITULAR DE LOS DERECHOS

Cuando la legislación de un Miembro permita otros usos[64] de la materia de una patente sin autorización del titular de los derechos, incluido el uso por el gobierno o por terceros autorizados por el gobierno, se observarán las siguientes disposiciones:

a. la autorización de dichos usos será considerada en función de sus circunstancias propias;

---

64 La expresión "otros usos" se refiere a los usos distintos de los permitidos en virtud del artículo 30.

b. sólo podrán permitirse esos usos cuando, antes de hacerlos, el potencial usuario haya intentado obtener la autorización del titular de los derechos en términos y condiciones comerciales razonables y esos intentos no hayan surtido efecto en un plazo prudencial. Los Miembros podrán eximir de esta obligación en caso de emergencia nacional o en otras circunstancias de extrema urgencia, o en los casos de uso público no comercial. Sin embargo, en las situaciones de emergencia nacional o en otras circunstancias de extrema urgencia el titular de los derechos será notificado en cuanto sea razonablemente posible. En el caso de uso público no comercial, cuando el gobierno o el contratista, sin hacer una búsqueda de patentes, sepa o tenga motivos demostrables para saber que una patente válida es o será utilizada por o para el gobierno, se informará sin demora al titular de los derechos;

c. el alcance y duración de esos usos se limitarán a los fines para los que hayan sido autorizados y, si se trata de tecnología de semiconductores, sólo podrá hacerse de ella un uso público no comercial o utilizarse para rectificar una práctica declarada contraria a la competencia tras un procedimiento judicial o administrativo;

d. esos usos serán de carácter no exclusivo;

e. no podrán cederse esos usos, salvo con aquella parte de la empresa o de su activo intangible que disfrute de ellos;

f. se autorizarán esos usos principalmente para abastecer el mercado interno del Miembro que autorice tales usos;

g. la autorización de dichos usos podrá retirarse a reserva de la protección adecuada de los intereses legítimos de las personas que han recibido autorización para esos usos, si las circunstancias que dieron origen a ella han desaparecido y no es probable que vuelvan a surgir. Las autoridades competentes estarán facultadas para examinar, previa petición fundada, si dichas circunstancias siguen existiendo;

h. el titular de los derechos recibirá una remuneración adecuada según las circunstancias propias de cada caso, habida cuenta del valor económico de la autorización;

i. la validez jurídica de toda decisión relativa a la autorización de esos usos estará sujeta a revisión judicial u otra revisión independiente por una autoridad superior diferente del mismo Miembro;

j. toda decisión relativa a la remuneración prevista por esos usos estará sujeta a revisión judicial u otra revisión independiente por una autoridad superior diferente del mismo Miembro;

k. los Miembros no estarán obligados a aplicar las condiciones establecidas en los apartados b) y f) cuando se hayan permitido esos usos para poner remedio a prácticas que, a resultas de un proceso judicial o administrativo, se haya determinado que son anticompetitivas. La necesidad de corregir las prácticas anticompetitivas se podrá tener en cuenta al determinar el importe de la remuneración en esos casos. Las autoridades competentes tendrán facultades para denegar la revocación de la autorización si resulta probable que las condiciones que dieron lugar a esa autorización se repitan;

l. cuando se hayan autorizado esos usos para permitir la explotación de una patente ("segunda patente") que no pueda ser explotada sin infringir otra patente ("primera patente"), habrán de observarse las siguientes condiciones adicionales:

    i. la invención reivindicada en la segunda patente ha de suponer un avance técnico importante de una importancia económica considerable con respecto a la invención reivindicada en la primera patente;

    ii. el titular de la primera patente tendrá derecho a una licencia cruzada en condiciones razonables para explotar la invención reivindicada en la segunda patente; y

iii. no podrá cederse el uso autorizado de la primera patente sin la cesión de la segunda patente.

ARTÍCULO 32
REVOCACIÓN/CADUCIDAD

Se dispondrá de la posibilidad de una revisión judicial de toda decisión de revocación o de declaración de caducidad de una patente.

ARTÍCULO 33
DURACIÓN DE LA PROTECCIÓN

La protección conferida por una patente no expirará antes de que haya transcurrido un período de 20 años contados desde la fecha de presentación de la solicitud.[65]

ARTÍCULO 34
PATENTES DE PROCEDIMIENTOS: LA CARGA DE LA PRUEBA

1. A efectos de los procedimientos civiles en materia de infracción de los derechos del titular a los que se refiere el párrafo 1 b) del artículo 28, cuando el objeto de una patente sea un procedimiento para obtener un producto, las autoridades judiciales estarán facultadas para ordenar que el demandado pruebe que el procedimiento

---

65 Queda entendido que los Miembros que no dispongan de un sistema de concesión inicial podrán establecer que la duración de la protección se computará a partir de la fecha de presentación de solicitud ante el sistema que otorgue la concesión inicial.

para obtener un producto es diferente del procedimiento patentado. Por consiguiente, los Miembros establecerán que, salvo prueba en contrario, todo producto idéntico producido por cualquier parte sin el consentimiento del titular de la patente ha sido obtenido mediante el procedimiento patentado, por lo menos en una de las circunstancias siguientes:

a. si el producto obtenido por el procedimiento patentado es nuevo;

b. si existe una probabilidad sustancial de que el producto idéntico haya sido fabricado mediante el procedimiento y el titular de la patente no puede establecer mediante esfuerzos razonables cuál ha sido el procedimiento efectivamente utilizado.

2. Los Miembros tendrán libertad para establecer que la carga de la prueba indicada en el párrafo 1 incumbirá al supuesto infractor sólo si se cumple la condición enunciada en el apartado a) o sólo si se cumple la condición enunciada en el apartado b).

3. En la presentación de pruebas en contrario, se tendrán en cuenta los intereses legítimos de los demandados en cuanto a la protección de sus secretos industriales y comerciales.

Anexo 2. Tratado de libre comercio entre el gobierno de la república de chile y el gobierno de los Estados Unidos de América

El gobierno de la República de Chile y el gobierno de los Estados Unidos de América, decididos a:

FORTALECER los lazos especiales de amistad y cooperación entre sus naciones;

CONTRIBUIR al desarrollo armónico, a la expansión del comercio mundial y potenciar una mayor cooperación internacional;

CREAR un mercado más amplio y seguro para las mercancías y los servicios en sus respectivos territorios;

EVITAR las distorsiones en su comercio recíproco;

ESTABLECER reglas claras y de beneficio mutuo en su intercambio comercial;

ASEGURAR un marco comercial previsible para la planificación de las actividades de negocios y de inversiones;

DESARROLLAR sus respectivos derechos y obligaciones derivados del Acuerdo de Marrakech por el que se establece la Organización Mundial del Comercio, así como de otros instrumentos multilaterales y bilaterales de cooperación;

FORTALECER la competitividad de sus empresas en los mercados globales;

ESTIMULAR la creatividad y la innovación y promover el comercio de mercancías y servicios que sean objeto de derechos de propiedad intelectual;

CREAR nuevas oportunidades de empleo y mejorar las condiciones laborales y los niveles de vida en sus respectivos territorios;

DESARROLLAR sus respectivos compromisos internacionales y fortalecer su cooperación en materias de índole laboral;

PROTEGER, fortalecer y hacer efectivos los derechos fundamentales de sus trabajadores;

IMPLEMENTAR este Tratado en forma coherente con la protección y conservación del medioambiente;

PROMOVER el desarrollo sostenible;

CONSERVAR, proteger y mejorar el medio ambiente, incluso mediante el manejo de recursos naturales en sus respectivos territorios y a través de acuerdos multilaterales sobre el medioambiente de los que ambos sean parte;

CONSERVAR su flexibilidad para salvaguardar el bienestar público; y

CONTRIBUIR a la integración hemisférica y al cumplimiento de los objetivos del Área de Libre Comercio de las Américas;

HAN ACORDADO lo siguiente:

CAPÍTULO UNO
DISPOSICIONES INICIALES

Artículo 1.1: Establecimiento de una zona de libre comercio

Las Partes de este Tratado, de conformidad con lo dispuesto en el Artículo XXIV del Acuerdo General sobre Aranceles Aduaneros y Comercio de 1994 y el Artículo V del Acuerdo General sobre Comercio de Servicios, establecen una zona de libre comercio.

Artículo 1.2: Objetivos

1. Los objetivos de este Tratado, desarrollados de manera más específica a través de sus principios y reglas, incluidos los de trato nacional, trato de nación más favorecida y transparencia, son los siguientes:

b. estimular la expansión y la diversificación del comercio entre las Partes;

c. eliminar los obstáculos al comercio y facilitar la circulación transfronteriza de mercancías y servicios entre las Partes;

d. promover las condiciones de competencia leal en la zona de libre comercio;

e. aumentar substancialmente las oportunidades de inversión en los territorios de las Partes;

f. proteger en forma adecuada y eficaz y hacer valer los derechos de propiedad intelectual en el territorio de cada una de las Partes;

g. crear procedimientos eficaces para la aplicación y cumplimiento de este Tratado, para su administración conjunta y para la solución de controversias; y

h. establecer un esquema para una mayor cooperación bilateral, regional y multilateral con el fin de ampliar y mejorar los beneficios de este Tratado.

2. Las Partes interpretarán y aplicarán las disposiciones de este Tratado a la luz de los objetivos establecidos en el párrafo 1 y de conformidad con las normas aplicables del derecho internacional.

Artículo 1.3: Relación con otros acuerdos internacionales

Las Partes confirman los derechos y obligaciones existentes entre ellas de conformidad con el Acuerdo sobre la OMC y otros acuerdos internacionales de los que ambas Partes sean parte.

Artículo 1.4: Alcance de las obligaciones

Las Partes garantizarán la adopción de todas las medidas necesarias para hacer efectivas las disposiciones de este Tratado, incluida su observancia por parte de los gobiernos estatales, salvo que este Tratado disponga otra cosa.

...

CAPÍTULO DIECISIETE
DERECHOS DE PROPIEDAD INTELECTUAL

Las Partes,

Deseosas de reducir las distorsiones del comercio y los obstáculos al mismo entre las Partes;

Deseosas de mejorar los sistemas de propiedad intelectual de ambas Partes para dar cuenta de los últimos avances tecnológicos y garantizar que las medidas y procedimientos destinados a hacer respetar dichos derechos no se conviertan a su vez en obstáculos al comercio legítimo;

Deseosas de promover una mayor eficiencia y transparencia en la administración de los sistemas de propiedad intelectual de las Partes;

Deseosas de construir sobre las bases establecidas en tratados internacionales existentes en el campo de la propiedad intelectual, incluido el Acuerdo sobre los Aspectos de los Derechos de Propiedad Intelectual relacionados con el Comercio (Acuerdo sobre los ADPIC) de la Organización Mundial del Comercio (OMC) y reafirmando los derechos y obligaciones establecidos en el Acuerdo sobre los ADPIC;

Reconociendo los principios establecidos en la Declaración relativa al Acuerdo sobre los ADPIC y la Salud Pública adoptada el 14 de noviembre de 2001 por la OMC en la Cuarta Conferencia Ministerial de la OMC, celebrada en la ciudad de Doha, Qatar;

Enfatizando que la protección y observancia de los derechos de propiedad intelectual es un principio fundamental de este Capítulo que ayuda a promover la innovación tecnológica, así como la transferencia y difusión de tecnología para el mutuo beneficio de los productores y usuarios de tecnología, y que incentiva el desarrollo del bienestar social y económico;

Convencidas de la importancia de los esfuerzos por incentivar la inversión privada y pública para investigación, desarrollo e innovación;

Reconociendo que la comunidad de negocios de cada Parte debe ser estimulada para participar en programas e iniciativas de investigación, desarrollo, innovación y transferencia de tecnología implementados por la otra Parte;

Reconociendo la necesidad de lograr un equilibrio entre los derechos de los titulares y los legítimos intereses de los usuarios y de la comunidad en relación con las obras protegidas;

Acuerdan lo siguiente:

Artículo 17.1: Disposiciones generales

1. Cada Parte aplicará las disposiciones de este Capítulo y podrá prever en su legislación interna, aunque no estará obligada a ello, una protección más amplia que la exigida por este Capítulo, a condición de que tal protección no infrinja las disposiciones del mismo.
2. Antes del 1 de enero de 2007, las Partes deberán ratificar o adherir al Tratado de Cooperación en Materia de Patentes (1984).
3. Antes del 1 de enero del 2009, las Partes deberán ratificar o adherir a:
   a. la Convención Internacional sobre la Protección de Nuevas Variedades de Plantas (1991);
   b. el Tratado sobre Derechos de Marcas (1994); y

c. el Convenio sobre la Distribución de Señales Portadoras de Programas Transmitidas por Satélite (1974).

4. Las Partes harán esfuerzos razonables para ratificar o adherir a los siguientes acuerdos, de conformidad con su legislación interna:

(a) el Tratado sobre Derecho de Patentes (2000);

a. el Acuerdo de la Haya sobre el Depósito Internacional de Diseños Industriales (1999); y

b. el Protocolo referente al Arreglo de Madrid relativo al Registro Internacional de Marcas (1989).

5. Ninguna disposición de este Capítulo relativo a los derechos de propiedad intelectual irá en detrimento de las obligaciones y derechos de una Parte respecto de la otra en virtud del Acuerdo sobre los ADPIC o tratados multilaterales de propiedad intelectual concertados o administrados bajo los auspicios de Organización Mundial de la Propiedad Intelectual (OMPI).

6. Con respecto a todas las categorías de propiedad intelectual comprendidas en este Capítulo, cada Parte otorgará a las personas de la otra Parte un trato no menos favorable que el que otorgue a sus propias personas con respecto a la protección y goce de dichos derechos de propiedad intelectual y los beneficios que se deriven de los mismos. Sin embargo, con respecto a usos secundarios de fonogramas por medio de comunicaciones analógicas y radiodifusión libre inalámbrica, una Parte podrá limitar los derechos de los artistas intérpretes o ejecutantes o productores de la otra Parte a los derechos que sus personas reciban dentro de la jurisdicción de la otra Parte.

7. Cada Parte podrá derogar lo dispuesto en el párrafo 6 respecto de sus procedimientos judiciales y administrativos, incluida la designación de un domicilio legal o el nombramiento de un agente dentro de la jurisdicción de esa

Parte, solamente cuando dicha derogación sea necesaria para conseguir la observancia de leyes y reglamentos que no sean incompatibles con las disposiciones de este Capítulo, y cuando tales prácticas no se apliquen de manera que constituyan una restricción encubierta del comercio.

8. Los párrafos 6 y 7 no se aplicarán a los procedimientos para la adquisición o mantenimiento de los derechos de propiedad intelectual, estipulados en acuerdos multilaterales concertados bajo los auspicios de la OMPI.

9. Este Capítulo no genera obligaciones relativas a actos realizados antes de la fecha de entrada en vigor de este Tratado.

10. Salvo disposición en contrario en este Capítulo, este Capítulo genera obligaciones relativas a toda la materia existente en la fecha de entrada en vigor de este Tratado, y que esté protegida por una Parte en dicha fecha, o que cumpla entonces o posteriormente los criterios de protección establecidos en este Capítulo. En lo concerniente a los párrafos 10 y 11, las obligaciones de protección mediante el derecho de autor y los derechos conexos relacionadas con las obras y fonogramas existentes se determinarán únicamente con arreglo al artículo 17.7(7).

11. Ninguna Parte estará obligada a restablecer la protección a la materia que, en la fecha de entrada en vigor de este Tratado, haya pasado al dominio público en esa Parte.

12. Cada Parte garantizará que todas las leyes, reglamentos y procedimientos relativos a la protección u observancia de los derechos de propiedad intelectual, y todas las decisiones judiciales definitivas y resoluciones administrativas de aplicación general correspondientes a la observancia de tales derechos, se harán por escrito y serán publicadas , o cuando tal publicación no sea factible, puestos a disposición del público, en el idioma del país, de forma que permita a la otra Parte y a los titulares de los derechos tomar conocimiento de ellos, con el objeto que la protección y la

observancia de los derechos de propiedad intelectual sea transparente. Nada en este párrafo obligará a una Parte a divulgar información confidencial, que impida la aplicación de la ley o sea de otro modo contraria al interés público o perjudique los intereses comerciales legítimos de determinadas empresas públicas o privadas.

13. Ninguna disposición de este Capítulo impedirá a una Parte que adopte medidas necesarias para prevenir prácticas anticompetitivas que pudieran resultar del abuso de los derechos de propiedad intelectual contemplados en este Capítulo.

14. Para los efectos de fortalecer el desarrollo y la protección de la propiedad intelectual, e implementar las obligaciones de este Capítulo, las Partes cooperarán, según términos mutuamente acordados, y sujeto a la disponibilidad de fondos asignados, por medio de:

    a. proyectos de educación y difusión acerca del uso de la propiedad intelectual como instrumento de investigación e innovación, así como respecto de la observancia de la propiedad intelectual;

    b. la adecuada coordinación, capacitación, cursos de especialización e intercambio de información entre las oficinas de propiedad intelectual y otras instituciones de las Partes; y

    c. aumentar el conocimiento, desarrollo e implementación de los sistemas electrónicos usados para la administración de la propiedad intelectual.

...

Artículo 17.9: Patentes

1. Cada Parte otorgará patentes para cualquier invención, sean de productos o de procedimientos, en todos los campos de la tecnología, siempre que sean nuevas, entrañen

una actividad inventiva y sean susceptibles de aplicación industrial. Para los efectos de este artículo, una Parte podrá considerar las expresiones "actividad inventiva" y "susceptibles de aplicación industrial" como sinónimos de las expresiones "no evidentes" y "útiles" respectivamente.

2. Cada Parte realizará esfuerzos razonables, mediante un proceso transparente y participativo, para elaborar y proponer legislación dentro de cuatro años desde la entrada en vigor de este Tratado, que permita disponer de protección mediante patentes para plantas a condición de que sean nuevas, entrañen una actividad inventiva y sean susceptibles de aplicación industrial.

3. Cada Parte podrá prever excepciones limitadas de los derechos exclusivos conferidos por una patente, a condición de que tales excepciones no atenten de manera injustificable contra la explotación normal de la patente, ni causen un perjuicio injustificado a los legítimos intereses del titular de la patente, teniendo en cuenta los intereses legítimos de terceros.

4. Si una Parte autoriza la utilización de una materia protegida por una patente vigente por parte de un tercero, para apoyar la solicitud de autorización de comercialización o permiso sanitario de un producto farmacéutico, la Parte deberá establecer que ningún producto fabricado en virtud de dicha autorización podrá ser fabricado, usado o vendido en el territorio de la Parte, excepto para cumplir con los requisitos de obtención de la autorización de comercialización o permiso sanitario y, si la exportación es permitida, el producto sólo será exportado fuera del territorio de la Parte para el propósito de cumplir con los requerimientos para emitir la autorización de comercialización o permiso sanitario en la Parte exportada.

5. Una Parte podrá revocar o anular una patente solamente cuando existan razones que pudieran haber justificado el rechazo al otorgamiento de la patente.
6. Cada Parte, a solicitud del titular de la patente, ajustará el plazo de una patente para compensar las demoras injustificadas que se produzcan en el otorgamiento de la patente. Para los efectos de este párrafo, una demora injustificada se entenderá que incluye una demora en la emisión de la patente superior a cinco años contados a partir de la fecha de presentación de la solicitud en la Parte, o de tres años desde que el requerimiento de examen para la solicitud haya sido hecho, cualquiera de ellos que sea posterior, a condición de que los períodos atribuibles a las acciones del solicitante de la patente no sean incluidos en la determinación de tales demoras.
7. Ninguna Parte usará la divulgación pública como motivo para no otorgar la patente por falta de novedad o de actividad inventiva, si la divulgación pública (a) fue hecha o autorizada por, o deriva de, el solicitante de la patente; y (b) se produce dentro de los doce meses anteriores a la fecha de presentación de la solicitud en la Parte.

...

Anexo 3. Directrices de examen y procedimiento de registro de patentes

PARTE I
INTRODUCCIÓN

1. Introducción

Estas directrices constituyen un esfuerzo hecho por INAPI con el fin de hacer públicas las prácticas y criterios internos de resolución de solicitudes de patente de invención, modelo de utilidad y esquemas de trazado o topografías de circuitos integrados, así como solicitudes provisionales.

INAPI tiene una doble condición relacionada con las funciones administrativas y jurisdiccionales que desempeña. De esta forma, junto con ser un servicio descentralizado, a cargo del registro de derechos de propiedad industrial, es también el Tribunal de primera instancia en los juicios de oposición y de nulidad de patentes.

Estas directrices se encuentran divididas en dos grandes secciones:

Presentación de solicitudes de patente y *procedimiento de tramitación*

Se refiere a los requisitos de presentación de las solicitudes de patente y el procedimiento de tramitación, incluyendo el examen de forma y el procedimiento contencioso.

Examen de fondo

La segunda sección trata el examen de fondo de las solicitudes, desarrollando los criterios aplicables a la revisión de los requisitos sustantivos de patentabilidad.

2. *Exención de responsabilidad*

El presente documento recoge los criterios aplicados por INAPI para el examen de las solicitudes de patente, pero no constituye, ni constituirá, una fuente propia de derecho y no deroga ni modifica las disposiciones legales o reglamentarias que regulan los derechos de propiedad industrial, así como tampoco las resoluciones y circulares dictadas por INAPI.

En este sentido, las presentes directrices son una guía para el usuario que buscan proporcionar criterios y lineamientos generales, no vinculantes como la ley y su reglamento, para tener en cuenta en la tramitación de las solicitudes, y demás actos relacionados con el registro.

Toda solicitud de patente o anotación será analizada caso a caso, de acuerdo a su propio mérito y los antecedentes acompañados en el expediente respectivo, conforme a la ley de Propiedad Industrial (LPI), su Reglamento (RLPI) y normas vigentes que sean aplicables a cada solicitud en particular INAPI se declara exento de responsabilidad por los eventuales errores u omisiones que puedan contener estas directrices y los perjuicios que pudieren ser alegados en base al uso de la información aquí contenida.

En consecuencia, el uso de estas directrices por parte de los usuarios deberá supeditarse a lo expuesto precedentemente y su utilización es de exclusiva responsabilidad de quien las utilice.

...

PARTE XV
NIVEL INVENTIVO

1. Introducción

De acuerdo con nuestra legislación, es requisito para otorgar una patente que la invención que se solicita proteger no resulte obvia ni pueda derivarse de manera evidente del estado de la técnica para una persona normalmente versada en la materia técnica correspondiente. En consecuencia, solamente productos (dispositivos, aparatos, compuestos, sistemas, kits) y/o procedimientos (procesos, métodos, usos) que involucren actividad inventiva, es decir, que no se deriven de manera obvia del estado de la técnica, pueden ser objeto de protección por patente de invención.

En efecto, el análisis de nivel inventivo corresponde a un requisito sustantivo de patentabilidad establecido en los arts. 32 y 35 de la LPI. Al respecto el Art. 35 establece que

> "Se considera que una invención tiene nivel inventivo, si para una persona normalmente versada en la materia técnica correspondiente, ella no resulta obvia ni se habría derivado de manera evidente del estado de la técnica."

La correcta ejecución del análisis de nivel inventivo involucra dos conceptos. El primero, se refiere a la persona normalmente versada en la materia técnica correspondiente, que en adelante denominaremos "experto en la materia técnica". El segundo, dice relación con la obviedad de la creación.

2. Algunos conceptos generales

Previo al desarrollo del proceso de análisis de nivel inventivo, estableceremos las siguientes definiciones que ayudarán a la exposición posterior:

Estado de la técnica: Respecto de la definición del estado de la técnica nos remitimos al capítulo XVII "Novedad", especialmente a la sección 2.1 "Alcance y particularidades del estado de la técnica" de estas Directrices.

Experto en la materia: Denominado en la LPI como "persona normalmente versada en la materia técnica", se trata de una figura que permite realizar una evaluación más objetiva de la actividad inventiva. Al mencionado experto se le atribuyen las siguientes cualidades:

a. Se trata de una entidad ficticia, que puede corresponder a una persona o un equipo de personas, por lo que naturalmente no corresponde al encargado de realizar el examen de fondo o al inventor.

b. Conoce y comprende todo lo que se ha divulgado o hecho accesible al público en el estado de la técnica con anterioridad al depósito de la solicitud o a la prioridad reclamada, según sea el caso.

c. Tiene las competencias normales de un profesional del arte o ciencia en cuestión; es decir, tiene los medios y capacidad de realizar trabajo rutinario y experimentación normales en el campo de la tecnología correspondiente.

d. Si bien no realiza ninguna actividad inventiva, tiene los conocimientos y la experiencia suficientes, que le permiten entender cómo combinar de manera coherente diversas soluciones que se encuentran divulgadas por el estado de la técnica, con el fin de resolver un problema técnico específico. Dicha combinación no nace producto de una creatividad particular del experto en la materia, sino que es motivada por las enseñanzas del mismo estado de la técnica.

Obviedad: La Ley de Propiedad Industrial, en su Art. 35, indica que "Se considera que una invención tiene nivel inventivo, si para una persona normalmente versada en la materia técnica correspondiente, ella no resulta obvia ni se habría derivado de manera evidente del estado de la técnica", por lo que surge la pregunta: ¿qué se entiende por obviedad? Así, el asunto a considerar, en relación con cualquier reivindicación que defina la invención, es si un experto en la materia habría llegado de manera obvia a una solución comprendida dentro de los términos de lo reivindicado, teniendo en cuenta el estado de la técnica conocido antes de la fecha de presentación o de prioridad válida para esa reivindicación. El término "obvio" implica aquello que no vas más allá del progreso de la tecnología al momento de la fecha del estado de la técnica respectiva", sino que simplemente se concluye de manera natural o lógica del estado de la técnica; es decir, en atención al estado de la técnica y sus enseñanzas, lograr la invención es algo que no implica el ejercicio de ninguna habilidad más allá de lo que se espera del experto en la materia.

…